MANUAL DE HERÁLDICA

JOSU IMANOL DELGADO Y UGARTE
FERNANDO MARTÍNEZ LARRAÑAGA

www.heraldica.guiaburros.es

EDITATUM

Diseño de cubierta: © María José Ocón Ortigosa(EDITATUM)
Diseño ilustraciones interior: © Fernando Martínez Larrañaga
Maquetación de interior: © EDITATUM
Primera edición: Noviembre 2019

ISBN: 978-84-18121-05-0
Depósito legal: M-37273-2019

Si después de leer este libro, lo ha considerado como útil e interesante, le agradeceríamos que hiciera sobre él una **reseña honesta en Amazon** y nos enviara un e-mail a **opiniones@guiaburros.es** para poder, desde la editorial, enviarle **como regalo otro libro de nuestra colección.**

A mis padres, esposa, hijos, familiares y amigos,
por contribuir a ser lo que soy.

Josu Imanol Delgado y Ugarte

A todos aquellos a quienes les apasiona esta noble ciencia.

Fernando Martínez Larrañaga

Sobre los autores

Josu Imanol Delgado y Ugarte es economista y doctor en Administración de Empresas y Finanzas. Máster en *Business Administration* y Máster en Finanzas. Medalla de Oro Europea al Mérito en el Trabajo y Estrella de Oro a la Excelencia Profesional, ha ampliado su formación en universidades americanas de primer nivel en áreas de Finanzas y Estrategia Empresarial. En el año 2011 realizó una descripción del modo de salir de la crisis económica que padecía España. En el año 2014 señaló que, a causa de la desigualdad y el maquinismo, el crecimiento económico se vería negativamente afectado; en enero del año 2016, en el Foro Económico Mundial de Davos, señalaron estas causas como peligros para la economía mundial. Es autor de otros diecinueve libros más sobre Finanzas, Economía y Administración de Empresas. Ha publicado más de cien artículos de opinión en la más prestigiosa prensa especializada y general. En el año 2016 fue candidato al premio de investigación social realizada de la Fundación para el fomento de Estudios Sociales y de Sociología Aplicada (FOESSA). También en el año 2017, fue candidato al Premio Rey Jaime I de Economía. Actualmente es Consultor Económico de inversiones, estrategia, reingeniería y cultura empresarial. Premio al Mérito Económico otorgado por la academia internacional de ciencias tecnología educación y humanidades.

Fernando Martínez Larrañaga es Analista Programador de Sistemas, *Full Stack Developer*, Diseñador Gráfico, Máster en Derecho Nobiliario y Premial, Heráldica y Genealogía. Ha publicado dos libros, *Armorial de la Orden del Águila de Georgia y la Túnica Inconsútil de nuestro Señor Jesucristo* y *Blasonario de la Orden de San Lázaro*, además ha colaborado en una veintena de libros con sus colaboraciones y diseños heráldicos.

Le fue concedida la Cruz de Oficial de la Real Orden de Isabel la Católica por sus leales servicios a la Nación, la Cruz de Mérito de la Cruz Fidélitas por servicio en el marco de la actividad del Arzobispado Castrense de España, la Medalla conmemorativa de la Virgen del Pilar (Guardia Civil) y la Cruz conmemorativa de Santa Teresa (Cuerpo de Intendencia del Ejército). Es Caballero de la Sacra y Militar Orden Constantiniana de San Jorge, de la Maestranza de Caballería de Castilla y de la Casa Troncal de los Doce Linajes de Soria.

Índice

Presentación 13

Introducción 14

La heráldica y sus leyes 17

Diseño y blasonamiento heráldico 25

Morfología de los escudos 27

Partes de escudo de armas 29

Particiones del escudo de armas 31

Metales 40

Colores 41

Forros heráldicos 43

Piezas derivadas o de segundo orden 53

Muebles o figuras 57

Adornos exteriores 63

Brisuras 73

La heráldica eclesiástica 77

Diccionario heráldico 83

Bibliografía 143

Presentación

El libro que tiene entre sus manos pretende ser, como su propio título indica, un manual de diseño heráldico que sea útil no solo a estudiantes y estudiosos de esta área del saber, sino también a los profesionales de este muy noble oficio. Por ello se trata con profusión las leyes heráldicas, la morfología de los blasones y sus partes, sus particiones, así como todo lo referente a metales, colores, forros, piezas, muebles o figuras, adornos exteriores, brisuras, etc. En definitiva, se trata de una guía completa para poder realizar el correcto diseño de escudos heráldicos. Además, estoy seguro de que al lego le podrá ofrecer el conocimiento de esta ciencia auxiliar de la historia, que resulta ser tan interesante y a la vez poco conocida popularmente.

Josu Imanol Delgado y Ugarte

Introducción

Como nos tiene enseñado el profesor doctor Marqués de la Floresta, actualmente el más relevante tratadista hispano, el uso de los emblemas está arraigado en lo más profundo de la naturaleza humana, común en todas las épocas y civilizaciones. En Mesopotamia, en Japón y en el Tahuantisuyo o imperio incaico, por ejemplo, se usaron emblemas que tienen notables semejanzas con el sistema de las armerías europeas.

En Grecia se usaron emblemas individuales y familiares, que se conocen mediante las obras literarias, y en escenas representadas en vasos pintados; también existían los emblemas colectivos propios de las ciudades, estos se reproducían en monedas, sellos, etcétera. La tipología era variada: inicial del nombre de la ciudad, animal, planta o motivo geométrico. Los guerreros usaban escudos pintados de forma variada, figuras, escenas mitológicas, y hasta acertijos.

En la República romana cada *gens patricia* poseía un emblema hereditario que figuraban en monedas acuñadas durante el mandato de magistrados o cónsules. Usaban figuras parlantes, alusivas o mitológicas. Durante el Imperio se desarrolló un verdadero sistema emblemático militar, basado en escudos y banderas. Las banderas legionarias usaban el águila, pero cada unidad podía usar otras enseñas de simbología variada como el toro, el jabalí, el centauro, etcétera.

Hoy día está definitivamente admitido que el uso de las armerías surge de la evolución del equipo militar entre los siglos XI y XII, que hicieron prácticamente imposible el reconocimiento del rostro de un caballero por el nasal del yelmo, la cota de malla y la loriga, por lo que poco a poco se hacían reconocer pintando sobre la superficie plana de su escudo algunas figuras -geométricas, animales, florales- que les sirvieran como señal de reconocimiento por los suyos en la batalla. Se puede empezar a hablar de emblemas heráldicos a partir del momento en el que el uso de ciertas figuras sea constante por parte de un mismo personaje, interviniendo ciertas reglas en cuanto a sus pautas de representación. Cabe igualmente explicarse que esos emblemas personales pasasen posteriormente a ser hereditarios, y que precisamente fueron esas reglas las que hicieron de la heráldica europea un sistema emblemático muy diferente a otros existentes, anteriores y posteriores.

Las armerías resultantes en la segunda mitad del siglo XII son el resultado de la fusión en un único sistema de diferentes elementos ya existentes, que son los que surgieron del mundo de las enseñas, banderas, sellos diplomáticos y escudos militares. Las banderas proporcionaron al sistema heráldico los colores y sus asociaciones, construcciones geométricas como piezas, sembrados y particiones, y el vínculo de las armerías primitivas respectos de los feudos de sus propietarios. De los escudos defensivos proceden la forma triangular, los forros y alguna de las figuras geométricas más características como son la bordura, el palo, el jefe, la cruz, etcétera.

Por lo tanto, las etapas de la aparición y conformación del sistema heráldico que conocemos actualmente serían dos: la primera, entre 1100 y 1140, con la aparición de motivos decorativos pintados sobre el escudo se constituyeron en emblemas individuales y permanentes. La segunda, entre 1140 y 1180, cuando los emblemas decorativos se transformaron en signos emblemáticos hereditarios, y además se sometieron a ciertas reglas o pautas de representación.

Fernando Martínez Larrañaga

La heráldica y sus leyes

En toda área de conocimiento, siempre se debe iniciar conociendo cuál es el marco en el que se mueven todos sus aspectos, y para ello es necesario tener una definición concreta de dicha área de conocimiento. Por ello, una definición aceptable de lo que es en sí la heráldica, bien pudiera ser esta:

La heráldica trata de ordenar el conjunto de signos gráficos reglados, conducentes a lo que se denomina blasón, y que dan origen a un lenguaje propio, que permite expresar de esa manera gráfica, la posición, aspiraciones, etc., de un individuo e incluso de un colectivo.

Aunque muchos tratadistas, ya desde tiempo inmemorial, la vienen definiendo simplemente como la ciencia del blasón.

Heráldica, etimológicamente hablando, proviene del vocablo *herald*, que se podría llegar a traducir como "anuncio" o "llamada". La heráldica, tal como la conocemos más o menos ahora, se podría decir que nace en el siglo X, aunque en honor a la verdad se debe decir que símbolos que se utilizan para identificar a determinados individuos, ya se vienen utilizando desde hace miles de años. Además, cabe decir que es alrededor del siglo XIII cuando nace la figura de los reyes y jueces de armas, que eran y son los encargados de distinguir y determinar las armas, con autoridad legal suficiente para discernir y denunciar sobre dicha materia, y con ello se inicia un gran avance con respecto al conocimiento, ordenamiento y perfeccionamiento de todo lo heráldico. La autoridad que faculta a los ahora llamados cronistas jueces de armas, vienen siendo reguladas por las Ordenanzas dadas por Felipe II el 23 de septiembre de 1593, la Cédula Real dada por Carlos III el 11 de septiembre de 1761, en la Cédula Real dada por Carlos IV el 16 de junio de 1802, en el Real Decreto Ley dado por Alfonso XIII el 29 de julio 1915, y por el Decreto Ley fechado el 15 de abril de 1951. La heráldica ha atravesado a lo largo de la historia por varios periodos, que se podrían dividir en cuatro. El primer periodo se suele denominar inicial o primitivo, y abarca desde el siglo X hasta el siglo XV. En este periodo se presenta una heráldica, como su propio nombre indica, muy primitiva, sin licencias a los adornos superfluos. El segundo periodo podría llegar a datarse entre los siglos XV y XVII, y es un periodo de afianzamiento de esta disciplina, desarrollándose en este periodo la mayoría de las leyes heráldicas y demás avances, y que por lo tanto podría denominarse periodo de desarrollo. El tercero, que abarca entre el siglo XVII y el siglo XIX, es un periodo en el que se pone de moda el abigarramiento excesivo y la eclosión del ornamento recargado, y al que por tanto podríamos dar el nombre de abigarrado. Y por último, el periodo en el que ahora nos encontramos, que se inicia en el siglo XX y en el que parece que se manifiesta una vuelta a la sencillez de los blasones, además retomando su pureza y ortodoxia inicial, y que bien pudiera denominarse como moderno.

Como bien hemos dicho antes, la heráldica se rige por una serie de leyes que vamos a tratar a continuación.

Las leyes de la heráldica

Vamos a adentrarnos en un tema bastante complejo e incluso controvertido, debido a que algunas de estas leyes heráldicas no son observadas en numerosos blasones heráldicos. El motivo es que los diversos especialistas que han venido y vienen otorgando las armas, no han dado el tratamiento correspondiente a algunas leyes, por no estar de acuerdo con ellas o simplemente por el mero hecho de desconocerlas.

Ahora vamos a señalar estrictamente dichas leyes heráldicas, sin por ello intentar realizar en modo alguno ningún tipo de jerarquización de las mismas.

Primera ley

El principal y más célebre precepto y ley inviolable, es el siguiente: no puede ponerse metal sobre metal, ni color sobre color.

El padre Menestrier señala su origen en los torneos, donde era costumbre que los caballeros llevasen coraza dorada o plateada sobre los vestidos de color, o estos ligeros vestidos de color sobre la coraza de metal. Existen varias excepciones:

Primera excepción. Cuando las armas son *extraordinarias* o, lo que es lo mismo, cuando dan motivo *a inquirir* y saber la razón de por qué tienen color sobre color o metal sobre metal, en cuyo caso no incurren tales armas en defecto contra el arte. Un ejemplo claro son las armas de Godofredo de Bovillón (o Bouillón), que son de esta calidad por traer en campo de plata una cruz potenzada de oro y cantonada de cuatros crucetas de lo mismo, armas del Reino de Jerusalén que le dieron los príncipes cristianos con quienes fue a la conquista de la Tierra Santa, por la ayuda que les prestó y la gloria que supo conquistar luchando contra los infieles.

Michailí, Dux de Venecia, traía escudo fajado de azur y de plata cargado de veintiún bezantes de oro, puestos seis, cinco, cuatro, tres, dos y uno, indiferentemente, sobre las fajas de color y de plata. Las primeras armas de esta familia eran seis fajas de azur y de plata, que le fueron aumentadas al mencionado Dux con los veintiún bezantes en honor y memoria de haber mantenido y provisto a los soldados en la guerra contra los infieles (donde faltaba la paga), con una piezas de cuero marcadas, que despúes recogió y pagó a la vuelta en sus casa con otra piezas de oro y plata, según el valor que hizo dar a las de cuero en la ocasión citada.

Segunda excepción. Hay escudos en los que se ven jefes de color puestos sobre campo que igualmente es de color, (lo cual es frecuente en las armas de muchas ciudades de Francia, que las tienen así por concesión de sus reyes), y para salvar esto, que sería falsedad, se le llama a ese "jefe cosido".

Ejemplos: La ciudad de Lyon, en Francia, trae en campo de gules un león de plata con el jefe cosido de azur con tres flores de lis en faja de oro. Lo mismo se entiende cuando el jefe es de metal sobre campo de metal. Lowán Geliot no limita solamente al jefe el término "cosido", sino que la extiende a la faja, a la banda, al chevrón (o cabria) y al *chappé*.

Tercera excepción. Aunque el esmalte púrpura o violado se toma ordinariamente por color, hay armas en que se emplea por metal, y cuando esto es así no hay falsedad en poner colores y metales sobre la púrpura, ni la púrpura sobre colores y metales. Lo mismo se entiende de los armiños y veros que unas veces se hallan sobre metal y otras sobre color.

Cuarta excepción. Las extremidades y partes de los animales, como son las uñas, picos, lenguas, defensas, ojos, astas, colas, coronas, collares, etc., pueden estar color sobre color o metal sobre metal, por ser aquellas de cualquiera de estas dos especies.

Quinta excepción. Todas las figuras humanas y sus partes de color de carnación y todos los animales, plantas y frutos representados con su color natural, pueden también ponerse indiferentemente sobre metal y sobre color sin incurrir en falsedad contra el arte.

Sexta excepción. En las brisuras de la mayor parte de los soberanos, y especialmente de los príncipes de la sangre y de otras familias en España y Francia, se ve el metal sobre el metal y el color sobre color.

Segunda ley

Todas las figuras propias de las armerías han de estar en la situación y lugar que les corresponde, sin poderse alterar en nada ni en parte su sentido ordinario y regular.

Excepciones: se exceptúan de esta regla las bandas, barras, palos, etc., cuando tales piezas están multiplicadas en el escudo, pues siendo algunas veces dos, tres y más, no pueden hallarse en el lugar que les corresponde, no obstante el orden de la situación de la principal.

Los jefes y las fajas duplicados y cuando están bajados de su posición ordinaria y el contrabandado, contrafajado, contrapalado, etc., así como algunas figuras disminuidas brisadas y de rebatimiento, por ser estas dos últimas arbitrables y mudar muchas veces por razones particulares el sentido del todo o de lagunas de sus partes.

Tercera ley

Las figuras naturales, artificiales y quiméricas, cuando hay una sola en el escudo, se colocan en este de forma que teniendo por punto general su centro, llenen el campo del mismo, el de la partición o el de la pieza que hubieren de ocupar proporcionadamente, sin tocar los extremos.

Excepciones: se exceptúan de esta regla las figuras movientes, los girones, la pila y la punta. Las particiones irregulares que tocan los lados o salen de estos o de los ángulos, las piezas de los escudos medio partidos, las de los sembrado, las brisuras y otras piezas multiplicadas que por el motivo singular ocupan lugares indeterminados.

Cuarta ley

Las figuras cuyo número es impar y que no son piezas honorables, se deben poner en el sentido de estas y en el de los puntos del escudo.

Ejemplos: Tres rosas, tres tortillos, tres flores de lis, etc., se ponen dos en jefe y una en punta, por lo que se entiende que el orden de tres figuras den armería, sin ser necesario especificar la situación que tienen, como en cambio sí es preciso hacerlo cuando tuvieren otra colocación. Estando una en jefe y dos en punta, se encontrarían mal ordenadas.

Quinta ley

Los lambrequines han de ser siempre de los esmaltes del campo y de las figuras del escudo.

Excepción: se exceptúan de esta regla los lambrequines que por privilegio y concesión singular dan los soberanos de sus propios escudos o de otros particulares a un caballero.

Sexta ley

En armería debe usarse siempre de los términos propios del arte.

Excepción: se exceptúan de esta regla los términos de aquellas piezas que son particulares en cada país, y otros que son comunes o vulgares y que están dispensados en el blasón.

Séptima ley

Todas las cimeras que son humanas, de animales y de aves, deben ponerse de lado, mirando a la diestra.

Excepción: se exceptúan de esta regla las cimeras de los reyes, príncipes y soberanos, que se colocan de frente, y la de los bastardos, que miran a lado izquierdo.

Diseño y blasonamiento heráldico

Diseñar es realizar una ordenación de los elementos propios, en este caso de la heráldica, bien sean estos conceptuales, materiales, etc., con la finalidad primordial de optimizar su función, en todos su sentidos.

Una vez presentada esta definición general, debemos decir que, de la misma manera que ocurre con otras disciplinas, como la moda o la publicidad, se debe tener presente que hay que respetar su propia filosofía, leyes y costumbres, y que no basta tan solo con poder ser capaces de realizar un blasón bonito, complejo o espectacular, pues para que este blasón sea heráldico, sus componentes deben encontrarse dentro del ordenamiento del que la heráldica se viene ocupando, sus leyes, sus costumbres, etc., y de esta manera convertirse en conjunto heráldico. Se debe señalar, en primer lugar, que no todos los blasones resultan ser blasones heráldicos. Para poder ilustrar esta aseveración, piense el lector, por tan solo citar un ejemplo, en los escudos de los clubes de fútbol. Antes de proseguir, nos gustaría señalar ahora que blasonar es realizar la descripción del escudo.

La heráldica ha ido incorporando a lo largo del tiempo una serie de principios, leyes y reglas que han permitido concretar de una manera clara el conjunto heráldico que pretende ser expresado gráficamente, y que determina una adecuada corrección. Todo este marco regulador viene siendo guardado en armoriales, códices, etc. Este conjunto heráldico viene fundamentado en tres grandes principios generales, que son: el principio de la estilización, el principio de la expresión y el principio de la composición.

Morfología de los escudos

A la superficie del escudo en la cual se sitúan las figuras y piezas se le denomina **campo**, y al perímetro que la limita, **boca**.

Un escudo bien proporcionado debe tener cinco partes de ancho o latitud, y seis de alto o longitud.

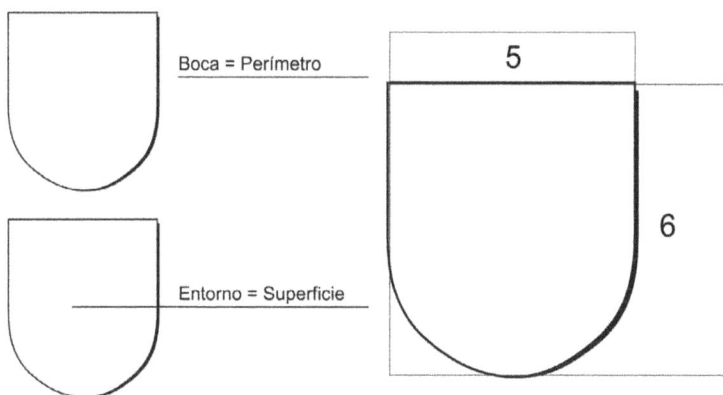

Boca = Perímetro

5

Entorno = Superficie

6

Dependiendo de cuál sea el país en el que se haga el diseño, nos podemos encontrar muy diversas formas de los contornos de los escudos. Por ello, vamos a exponer en este momento —sin ánimo de ser absolutamente exhaustivos, aunque tratando de citar la mayoría de las formas de escudo que se han venido utilizando— los contornos de los escudos, clasificados por sus países de origen.

  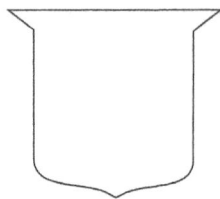

España Francia Inglaterra

Italia Alemania

Partes de escudo de armas

Para poder distribuir el espacio de un escudo, es necesario dividirlo en unas partes denominadas con nombres concretos y de uso generalizado. Es necesario además tener presente que el escudo tiene entidad propia, y lo decimos en el sentido de que, mientras nosotros, cuando miramos a un objeto, nuestra derecha la entendemos como siendo también la derecha, en heráldica esto no resulta ser así, y por ello la parte derecha del escudo es, mirándolo de frente, nuestra parte izquierda.

DIESTRA   SINIESTRA

Esto resulta ser de una importancia capital, dado que la numeración correcta de todas las partes del escudo se debe realizar iniciando siempre dicha numeración, por la parte derecha y arriba. Con el fin de fijar ideas, vamos a exponer un sencillo ejemplo.

Si tenemos el escudo típico español, llamado cuadrilongo, y este se halla cuartelado, esto es, dividido en cuatro partes; el primer cuartel sería el de la parte derecha superior, el segundo, el de la parte superior izquierda, el tercero sería el de la parte derecha inferior y finalmente el cuarto cuartel, sería el de la parte izquierda inferior.

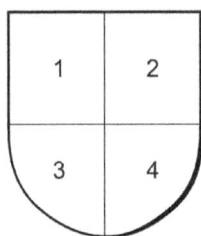

Además, el escudo puede ser dividido en partes; dichas partes tienen una denominación propia, que es:

- A, B y C constituyen el jefe del escudo.
- A es el cantón diestro del escudo.
- B es el centro del jefe.
- C es el cantón siniestro del jefe.
- D es el flanco diestro.
- E es el centro, corazón o abismo.
- F es el flanco siniestro.
- G, H e I constituyen la punta.
- G es el cantón diestro de la punta.
- H es la punta, barba o pie del escudo.
- I es el cantón siniestro de la punta.

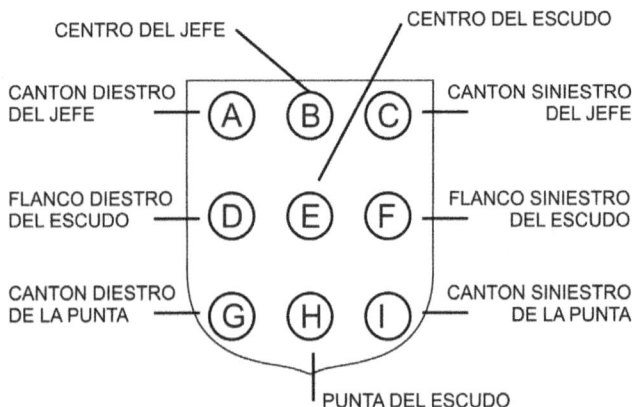

Particiones del escudo de armas

Los escudos para dividir su campo, que es la superficie interior del escudo, se parten de numerosa maneras, que vamos a exponer en este momento.

Partido

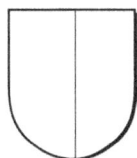

El escudo partido consta de una partición vertical en dos partes iguales.

Cortado

El escudo cortado consta de una partición horizontal en dos partes iguales.

Tronchado

El escudo tronchado consta de una partición simple por una línea oblicua que lleva del ángulo diestro del jefe al ángulo siniestro de la punta.

Tajado

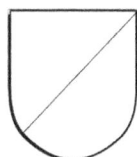

El escudo tajado consta de una partición simple por una diagonal, del ángulo siniestro del jefe al ángulo diestro de la punta (opuesto a "tronchado").

Siniestrado

El escudo siniestrado es aquel cuyo lado siniestro, el de la derecha del que lo ve, tiene un palo colocado y no ocupa más que la quinta parte del mismo.

Adiestrado

El escudo siniestrado es aquel cuyo lado diestro, el de la izquierda del observador, tiene un palo colocado y no ocupa más que la quinta parte del mismo.

Cuartelado en cruz

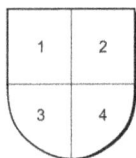

El escudo cuartelado consta de partición de un escudo por una línea horizontal y otra vertical que se cortan en el centro dividiendo el escudo en cuatro cuarteles.

Cuartelado en aspa

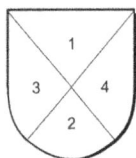

El escudo cuartelado en aspa o *soutier* consta de una partición del escudo mediante el tronchado y el tajado dividiendo el escudo en cuatro cuarteles.

Terciado en plano

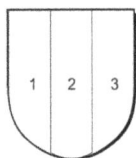

El escudo terciado en palo consta de la partición del campo en tres partes verticales con el mismo ancho.

Terciado en faja

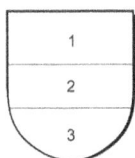

El escudo terciado en palo consta de la partición del campo en tres partes horizontales con la misma anchura.

Terciado en banda

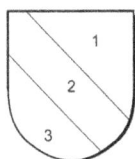

El escudo terciado en banda consta de la partición del campo en tres partes iguales, siguiendo la dirección de la pieza llamada banda.

Terciado en barra

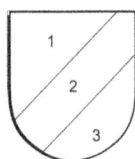

El escudo terciado en barra consta de la partición del campo en tres partes iguales, siguiendo la dirección de la pieza llamada barra.

Medio cortado y partido

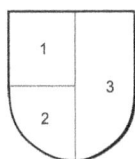

En el escudo medio cortado y partido, la partición principal es la vertical. El primer cuartel está repartido horizontalmente.

Partido y medio cortado

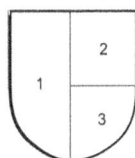

En el escudo partido y medio cortado la partición principal es la vertical. El segundo cuartel está repartido horizontalmente.

Medio partido y cortado

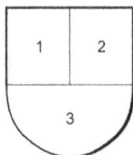

En el escudo medio partido y cortado la partición principal es la horizontal. Al primer cuartel le hacemos la repartición vertical.

Cortado y medio partido

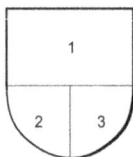

En el escudo cortado y medio partido la partición principal es la horizontal. Al segundo cuartel, le hacemos la repartición vertical.

Contracuartelado

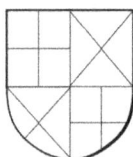

En el escudo contracuartelado cada división del escudo cuartelado puede todavía subdividirse por medio de las reparticiones anteriormente indicadas, de este modo: Cuartelado en el primero y cuarto contracuartelado; segundo y tercero, contracuartelado en *sotuer*.

Flanqueado

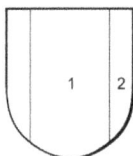

El escudo flanqueado se forma por la división del escudo por dos líneas verticales, dejando a los lados (flancos) de un quinto del ancho del escudo.

Flanquisado

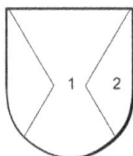

El escudo flanquisado se forma por triángulos que se ponen en los dos flancos del escudo y no llegan a tocarse, quedando una distancia de punta a punta de un tercio del escudo.

En zig-zag

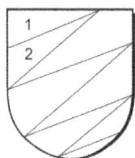

El escudo en zig-zag se forma por la partición formada por una línea quebrada de ángulos entrantes y salientes.

Encajado

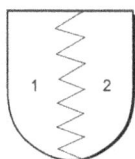

El escudo encajado se forma por la división del campo por la mitad mediante triángulos largos y agudos.

Calzado

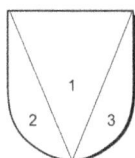

El escudo calzado se forma por la división del campo por dos diagonales, que saliendo de las esquinas superiores se juntan en el centro del límite inferior. El campo del escudo es el triángulo central.

Cortinado

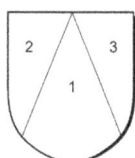

El escudo cortinado se forma por la división del campo por dos diagonales, que saliendo de las esquinas inferiores se juntan en el centro del límite superior. El campo del escudo queda en el triángulo central.

Embrazado y contraembrazado

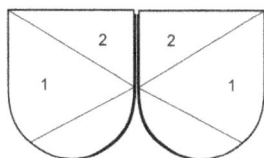

El escudo embrazado se forma por la división del campo por dos diagonales que salen de uno de los laterales y se juntan en el centro del otro lado. Puede ser embrazado o contraembrazado.

En capa

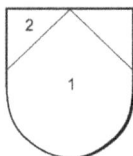

El escudo en capa se forma por la división compuesta por dos líneas que parten del centro de la parte superior del jefe y acaban en los francos del escudo.

Mantelado en curva

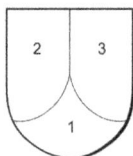

El escudo mantelado en curva se forma por la división del escudo formada por dos líneas curvas que parten del centro del escudo hasta llegar a los ángulos inferiores del escudo.

Mantelado en jefe

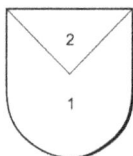

El escudo mantelado en jefe se forma por la división del escudo por dos líneas que desde el centro se une a los ángulos superiores.

Mantelado en punta

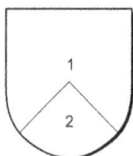

El escudo mantelado en punta se forma por la división del escudo escudo formado por dos líneas que desde el centro se unen a los ángulos inferiores.

Vestido

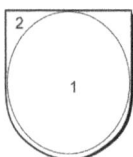

El escudo vestido se forma por la partición que resulta de añadir en el escudo un óvalo o un losanje cuyos vértices deben tocar los límites del escudo.

Entado en punta

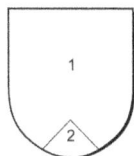

El escudo entado en punta se forma por un triangulo curvilíneo que tiene su punto de partida en el centro del escudo, dirigiéndose hacia la base del mismo en los cantones de la punta.

Entado en punta y caído

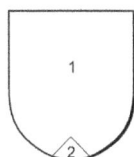

El escudo entado en punta y caído se forma por un triangulo curvilíneo que tiene su punto de partida en el centro del escudo, dirigiéndose hacia la base del mismo en los cantones de la punta, pero su vértice se sitúa en el tercio interior del escudo.

Jironado curvilíneo

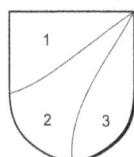

El escudo jironado curvilíneo se forma por la partición que divide el escudo en tres partes, mediante dos líneas curvas que parten de uno de los cantones del jefe, de las cuales una terminará en el centro de su franco opuesto y la otra en el centro de la punta.

Encastado en cruz

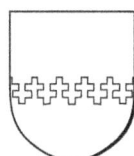

El escudo encastrado en cruz se forma por la división del escudo cuya línea de partición forma figuras de cruces que se encastran en cada una de las zonas del escudo. Pueden formar también figuras de tréboles, lises, etc.

Enclavado

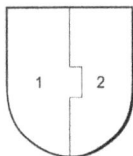

El escudo enclavado se forma por la división del campo en dos partes iguales por una línea, en cuyo centro se sitúa un diente que se enclava en la otra partición. Puede tener la posición de partido, cortado, tronchado y tajado.

Flechado

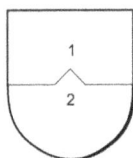

El escudo flechado se forma por la división del campo en dos partes iguales por una línea en cuyo centro se sitúa un ángulo recto que se introduce en la otra partición. Puede tener la posición de partido, cortado, tronchado y tajado.

Jironado

El escudo jironado se forma con las cuatro particiones principales: partido, cortado, tajado y tronchado. Llega muchas veces hasta doce piezas. En este caso, y cuando no llega a ocho, se debe especificar el número de girones que tiene.

Esmaltes

El esmalte heráldico es el atributo cromático de un campo o de un fondo. Se trata de colores simbólicos: así, el gules se representa por un rojo, sea bermellón, escarlata, carmín u otro. Los esmaltes están repartidos en tres grupos:

— Los metales, compuestos esencialmente del *oro* y el *plata*;

— Los colores, compuestos esencialmente del *azur*, del *gules*, del *sable*, del *sinople* y del púrpura;

— Los forros, compuestos esencialmente del *armiño* y del *vero*, así como de sus innumerables variantes; son, de hecho, composiciones "bicromáticas", reuniendo un esmalte con un metal.

Metales

Oro: se representa con el color amarillo

Plata: se representa con el color blanco

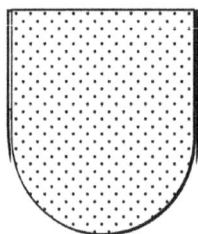

El oro se representa por puntos

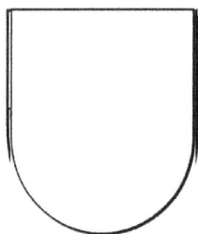

La plata se representa por una superficie en blanco.

Colores

- Gules. Es el color rojo.
- Azur. Es el color azul.
- Sinople. Es el color verde.
- Púrpura. Es el color violeta.
- Sable. Es el color negro.

También pueden ser representados de la siguiente manera, cuando no viene a ser utilizado el color.

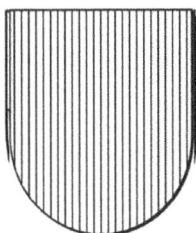

Gules se representa mediante trazos verticales.

Azur representado por líneas horizontales.

Sinople representado por líneas diagonales de izquierda
a derecha.

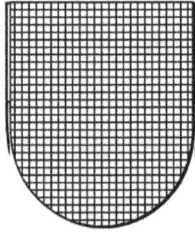

Sable representado por líneas verticales y horizontales
cruzadas.

Púrpura se representa por líneas diagonales de derecha
a izquierda.

Forros heráldicos

El uso de forros heráldicos junto con los metales y colores se remonta al comienzo de este arte. En este período más temprano solo había dos forros: armiño y vero. El armiño representa el pelaje del armiño —un tipo de comadreja— en su abrigo blanco de invierno, cuando se le llama armiño. El vero representa el abrigo de invierno de la ardilla roja, que es azul grisáceo arriba y blanco abajo. Estos forros se usaban comúnmente para cubrir las capas y túnicas de la nobleza. Tanto el armiño como el vero dan la apariencia de ser una combinación de metal y color, pero en la convención heráldica se consideran una clase de tintura separada que no es ni metal ni color. A continuación lo veremos con detalle.

Veros

Deriva su nombre del *varius* latino, "variado". Por lo general, se representa como una serie de formas alternas, conocidas convencionalmente como paneles o "campanas vero", de plata y azur, dispuestas en filas horizontales, de modo que los paneles de una tintura forman la parte superior de la fila, mientras que los de tintura opuesta están en la parte inferior. Las filas sucesivas están escalonadas, de modo que las bases de los paneles que forman cada fila son opuestas a las de la otra tintura en las filas superiores e inferiores. Cuando los veros no son de plata y azur, pasan a llamarse verados.

43

Los contraveros tiene el mismo diseño que los veros, pero en su base se apoya otra base de otro vero del mismo esmalte.

Los veros en punta son cuando la base de los veros se apoyan con la punta, y no con otro vero invertido.

Los veros en onda son los veros que se representan formando ondas.

Los veros invertidos son los veros normales que se representan apoyados sobre la punta, y no sobre la base.

Existen varias formas de variante, de las cuales la más común se conoce como *potenzado*. En esta forma, la familiar "campana" es reemplazada por una figura en forma de T, conocida como "potenza".

Vero potenzado

Armiño

El armiño se representa normalmente como un campo blanco con manchas negras, conocidas como "manchas de armiño", que representan la cola negra del armiño. Existe una variación considerable en la forma de las manchas de armiño; en las representaciones más antiguas se dibujaron de manera realista, con puntos alargados y cónicos; en los tiempos modernos normalmente se dibujan como puntas de flecha, generalmente rematadas por tres pequeños puntos.

El campo sembrado por excelencia es el armiño, que es "plata sembrado de motas de armiño de sable". Este mueble "motas de armiño" no existe más que en los forros, lo que justifica conservar el término técnico "armiño" para describir los sembrados correspondientes.

El contra-armiño es de "sable armiñado de plata", o aún de "sable sembrado de motas de armiño de plata".

Escudo armiñado   Escudo contra armiñado

Piezas heráldicas

Las piezas heráldicas por lo general suelen tocar casi siempre los bordes del escudo, y suelen ser de esmalte diferente al del campo; esto no es otra cosa que si la pieza es de color, el campo deberá ser de metal.

Además, las piezas se dividen en tres clases, que son: piezas fundamentales, también llamadas de honor, piezas disminuidas, y por último, piezas derivadas, también llamadas de segundo orden.

Vamos a exponer ahora las piezas utilizadas, siguiendo esta clasificación.

Piezas fundamentales o de honor

Aspa

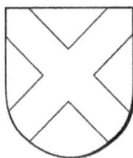

El aspa es una pieza honorable, formada por una banda y una barra heráldicas, es decir, por dos tiras o cintas colocadas en el escudo desde su parte superior derecha hasta la inferior izquierda, y desde esta última hasta la primera.

Banda

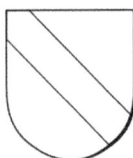

La banda es una pieza honorable que va del ángulo diestro del jefe al ángulo siniestro de la punta.

Barra

La barra es una pieza honorable que va del ángulo siniestro del jefe al ángulo diestro de la punta.

Bordura

La bordura es una pieza honorable que envuelve interiormente al escudo por todas partes. Su anchura es de un sexto de la del escudo. Opuesta a la orla, la bordura toca el borde del escudo.

Cabrio

El cabrio, también llamado *chevron*, es una pieza honorable en forma de V invertida, formada por la combinación parcial de la banda y de la barra, que se rencuentran en el ángulo agudo cerca del borde superior del escudo.

Campaña

La campaña es una pieza honorable ocupando el tercio inferior del escudo.

Cantón

El cantón es una pieza honorable de forma cuadrada, situada en una esquina del escudo, que es el tercio del mismo en altura y anchura (por oposición al franco-cuartel, más importante). Su posición natural, que no se blasona, es en el cantón diestro del escudo.

Escusón

El escusón es una pieza honorable que consiste en un escudo de pequeño tamaño, con la misma forma que el principal y con unas dimensiones equivalentes a su tercera parte. Se encuentra situado en *abismo*, colocado en el centro del blasón principal.

Faja

La faja es una pieza honorable constituida por una banda horizontal, ocupando la mitad del escudo.

Franco cuartel

El franco cuartel es una pieza honorable en forma cuadrada, que ocupa el cuarto del escudo heráldico, y que se extiende hasta la mitad de la altura y la longitud (por oposición al cantón, que no se extiende sino hasta el tercio).

Jefe

El jefe es una pieza honorable que ocupa el tercio superior del escudo.

Jirón

El jirón consiste en un triángulo cuya punta ocupa el centro del escudo, y que tiene por base la mitad de un lado.

Lambel

El lambel es una brisura formada de un filete horizontal guarnecido de pendientes. Está puesto en la parte superior del blasón, y no toca los bordes. El lambel es generalmente una brisura de una rama menor.

Orla

La orla es una pieza honorable que rodea el interior del escudo por todos sus lados, sin llegar a tocarlos. Su anchura equivale a la distancia que la separa de los bordes. Un escudo puede contar con varias orlas, pero estas deben encontrarse separadas entre sí a una distancia igual a su grosor y ser concéntricas entre sí.

Palo

El palo es una pieza honorable formando una banda vertical a mitad del escudo.

Perla

La perla es una pieza honorable formada por la parte inferior de un palo, que se separa en la parte superior para formar un *chevron* invertido.

Pila

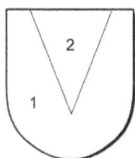

La pila es una pieza honorable triangular en forma de cuña, puesta como el palo, y cuya punta está orientada hacia abajo (contrario a la punta). La pila puede ser rebatida.

Pira

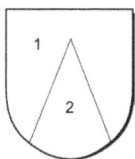

La pira es una pieza honorable triangular puesta como el palo, con la punta hacia arriba (contrario a la pila). La punta puede ser rebatida.

Piezas disminuidas

Bastón

El bastón es una banda o cotiza reducida en anchura y normalmente dispuesta en banda. Dispuesta en barra, se le blasona "bastón en barra".

Burela

La burela es una faja disminuida en dos tercios del ancho normal de la faja. Se suelen colocar cinco veces repetidas, alternando color y metal.

Ceñidor

El ceñidor es una faja disminuida, con su anchura disminuida en un tercio de la de esta.

Comble

El comble es un jefe disminuido, reducido a menos de la mitad de su altura normal.

Cotiza

La cotiza es una banda disminuida, cuando está rebatida más allá de cuatro piezas o reducida a un tercio en anchura.

Estrecha

La estrecha es una cruz disminuida a la mitad de su tamaño.

Filete

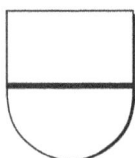

El filete es una cotiza muy disminuida y que puede tomar las mismas posiciones (que son siempre blasonadas: en faja, palo, banda, barra).

Filiera

La filiera es una bordura disminuida a un tercio de su tamaño

Franquis

El franquis es un aspa reducida a un tercio de su tamaño.

Gemelas

Las gemelas son un par de piezas separadas por un espacio del mismo ancho que ellas, teniendo el todo aproximadamente el grosor de una faja. Cuando varias gemelas están presentes, están separadas por un espacio superior al espacio interno entre cada par de gemelas.

Tenaza

La tenaza es un cabrio estrecho, de menos de la mitad de la anchura de un cabrio normal.

Tercias

Las tercias es una pieza disminuida consistente en un grupo de tres filetes del mismo esmalte, dejando un espacio igual al suyo y con un ancho total igual al de una faja.

Trangle

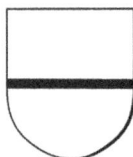

El trangle es una disminución de la faja en un sexto.

Traversa

La traversa es una disminución de la banda en su cuarta parte, pero sus extremos no tocan el escudo.

Piezas derivadas
o de segundo orden

Ajedrezado o jaquelado

Del jaquelado se dice cuando el escudo está dividido en pequeños cuadrados o escaques, como un tablero de ajedrez.

Anillete

El anillete es una pieza redonda y hueca que se llama anillete o anillo cuando está sola en el centro del escudo.

Bezantes

El bezante es una pieza redonda y llana, siempre de metal.

Billetes

Los billetes son piezas rectangulares colocadas en el escudo de forma equidistante y aislada en posición de palo. Al cubrir toda la superficie del escudo se denomina billeteado o cartelado.

Danteles

Los danteles son piezas en forma de cuñas o triángulos isósceles de dos esmaltes enclavados entre sí; cuando cubren el escudo se denomina dantelado.

Equipolados

Los puntos equipolados son el resultado de dividir el escudo partido de dos trozos y cortar por otros, dos resultando nueve cuadros.

Fretes o fretado o freteado

Los fretes son un enrejado compuesto de cotizas en banda y barra dejando ver el campo del escudo.

Fuso

El fuso es una pieza en forma de rombo más largo que ancho.

Losange

El losange es una pieza en forma de cuadrado apoyado sobre uno de sus vértices.

Macle

El macle es una pieza similar a los losanjes y a los fusos, pero en su interior llevan un rombo vacio.

Papelones

El papelón es una pieza en forma de semicírculo, cuyo grueso es igual al del filete. Cuando están unidos entre sí y puede verse el campo del escudo se llama papelonado.

Roeles

El roel es una pieza redonda y llana, siempre de color.

Rustro

El rustro es una pieza en forma de rombo en cuyo interior tiene una abertura redonda. Cuando el escudo está cubierto de ellos se llama rustrado.

Muebles o figuras

Se suele decir generalmente que los muebles o figuras son todo aquello que se encuentra en el interior del campo del escudo, que no resulta finalmente ser una pieza. Además, se debe señalar que, por lo genera,l no suelen tocar el borde del escudo.

Los muebles o figuras suelen ser habitualmente de tres clases: naturales, artificiales y fantásticas.

Figuras naturales

Las figuras naturales comprenden figuras humanas y sus partes, cuadrúpedos, aves, peces, insectos, reptiles, plantas, árboles, elementos, meteoros, astros, etc.

Brazo armado

Pierna

Rey sentado

Jabalí contornado

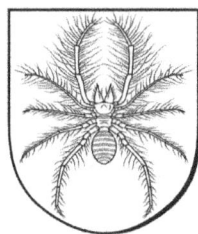
Araña

Lobo

Águila

Águila española

Águila bicéfala

Oso

León rampante

León contornado

León acobardado

León afrontado

León pasante

León inglés o
leopardo

Árbol

Flor de lis

Rosa	Rosa Tudor	Panelas

Creciente	Serpiente	Pez

Figuras artificiales

Las figuras artificiales se refieren a guerra, caza, música, navegación, arquitectura, artes y oficios.

Castillo	Torre	Ancla

Barco

Flecha

Hacha

Guantelete

Espadas

Bomba

Albarca

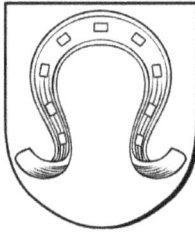

Herradura

Llaves

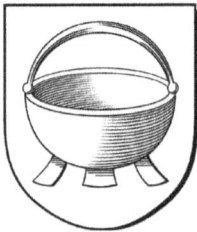

Caldera

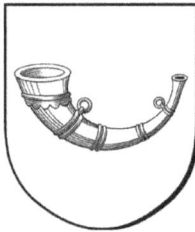

Cuerno

Cadenas

Copa   Espuela   Fuente

Figuras fantásticas

Las figuras fantásticas representan animales y personas fantásticas, sirenas, dragones, grifos, cocatrices, etc.

Grifo   Cocatriz   Centauro

Hidra   Melusina   Sirena

Pantera   Dragón

Adornos exteriores

Los adornos exteriores, como su propio nombre indica, son todos aquellos que no se encuentran dentro del campo del escudo.

Estos pueden ser coronas o yelmos —que usualmente se rematan con cimeras—, animales —bien sean éstos reales o figurados— o también los llamados penachos o incluso coronas. Además, los adornos exteriores también son colocados en los laterales del escudo, siendo los más habituales los denominados tenantes, soportes, sostenes y lambrequines. También en la parte de abajo del escudo, denominada zona de honor, se suelen colocar condecoraciones y otros trofeos, además de mantos, que rodean acogiendo a todo el escudo.

Yelmos

Para Francisco Piferrer, la celada es la primera pieza de las armas y el ornamento principal de las armerías, así como la cabeza es del cuerpo humano, para cuya defensa fue instituida. Llamada con distintos nombres por la diferencia de su hechura, sirviendo unas a los de armas de a caballo y otras a los de a pie. Aunque según los tiempos y las invenciones de la guerra tuvieron diversos denominación y forma, cada uno traía el yelmo, casco, morrión o celada según la calidad de su nobleza, según los títulos y según los derechos que poseía.

Yelmo de escudero

El yelmo de escudero se coloca de perfil mirando a la diestra. Es de acero y claveteado de oro. La visera está entreabierta y sin rejillas. Los nobles menores de treinta años, no investidos aún caballeros, llevarían este casco.

Yelmo de bastardo

El yelmo que usan los bastardos tiene el mismo diseño que el casco de escudero, pero cambia el punto de vista. El casco de bastardo está siniestrado, o sea mirando a la siniestra del escudo. Es de acero, claveteado de oro. Lleva la visera entreabierta sin rejillas.

Yelmo de hidalgo

El yelmo de hidalgo se coloca de perfil y adiestrado. También es de acero, pero el claveteado, el ribete y las rejillas son de oro. Lleva visera y se ven tres rejillas.

Yelmo de noble

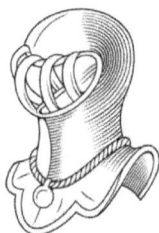

El yelmo de noble está terciado y mirando a la diestra. Es de plata, ribeteado y con cinco rejillas de plata.

Yelmo de barón

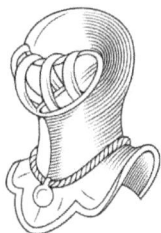

El yelmo de barón está terciado y mirando a la diestra. De plata, ribeteado y cinco rejillas de oro.

Yelmo de vizconde

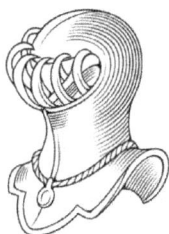

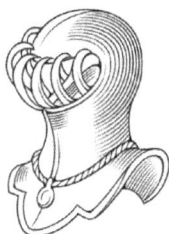

El yelmo de vizconde está terciado y mirando a la diestra. Es de plata, claveteado, ribeteado de oro, con siete rejillas de plata.

Yelmo de conde

El yelmo de conde está terciado y mirando a la diestra. Es de plata, claveteado, ribeteado y siete rejillas de oro.

Yelmo de marqués

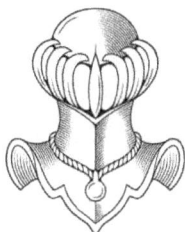

El yelmo de marqués se coloca en posición frontal, en plata. Claveteado y con siete rejillas de oro.

Yelmo de duque

El yelmo de duque se coloca en posición frontal, en plata. Claveteado, ribeteado y con nueve rejillas de oro.

Yelmo de príncipe

El yelmo de príncipe se coloca en posición frontal, en oro. Claveteado, ribeteado y visera también en oro. La visera está entreabierta.

Yelmo de rey y emperador

El yelmo de rey y emperador se coloca en posición frontal, en oro. Claveteado, ribeteado y visera también en oro. La visera está totalmente abierta.

Coronas

Las coronas es el timbre en forma de coronel situadas una poco por encima del escudo, sin tocar el borde superior.

Corona real

La corona real lleva un aro de oro con pedrería abundante, forrado de gules, realzado de puntas con ocho florones, cuatro de ellos vistos, y ocho perlas intercalados, ocho diademadas, de las que solo se ven cinco. En el punto de unión de las diademas hay un mundo de azur, cintrado y cruzado de oro. Lleva bonete de gules.

Corona de príncipe

La corona de príncipe lleva un aro de oro con pedrería abundante, forrado de gules, realzado de puntas con ocho florones, cinco de ellos vistos, y ocho perlas intercaladas, cuatro diademadas, de las que solo se ven tres. En el punto de unión de las diademas hay un mundo de azur, cintrado y cruzado de oro. Lleva bonete de gules.

Corona de infante

La corona de infante lleva un aro de oro con pedrería abundante, forrado de gules, realzado de puntas con ocho florones, cuatro de ellos vistos, y ocho perlas intercaladas.

Corona de duque

La corona de duque lleva un aro de oro con pedrería abundante, forrado de gules, realzado de puntas con ocho florones, cuatro de ellos vistos.

Corona de marqués

La corona de marqués lleva un aro de oro con pedrería abundante, forrado de gules, realzado de cuatro puntas cortas, y sobre las puntas cuatro florones, tres de ellos vistos. Alternando los florones hay cuatro grupos de tres perlas, vistos solos dos.

Corona de conde

La corona de conde lleva un aro de oro con pedrería, forrado de gules, realzado de dieciocho puntas largas de oro rematadas en sus vértices con perlas, de la cuales solo vemos nueve.

Corona de vizconde

La corona de vizconde lleva un aro de oro con pedrería, forrado de gules realzado de cuatro puntas largas cimadas de una perla grande cada una. De estas puntas, solo vemos tres.

Corona de barón

La corona de barón lleva un aro de oro con pedrería, forrado de gules, rodeado por un collar de perlas, que le da ocho vueltas y embellecido en la parte superior por ocho perlas grandes, de las que vemos cuatro.

Corona de señor

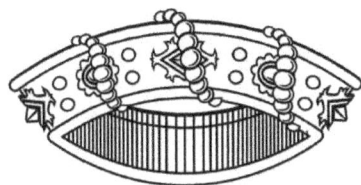

La corona de señor lleva un aro de oro con pedrería, forrado de gules, rodeado por un collar de perlas, que le da cuatro vueltas, dos en la parte delantera.

Lamberquines

Los lambrequines no son otra cosa que el timbre o los ornamentos que forman parte de él, y vienen a ser aquellos penachos que salen detrás del yelmo pendiendo en su circunferencia por los dos lados, de los cuales unos parecen hojas entrelazadas y otros compuestos de plumas naturales, siendo estos últimos reputados por menos honorables. El origen de los lambrequines es también muy antiguo, aunque el presente no sirven sino de ornamento al casco, y al escudo como de ropaje, que se pone encima de la misma forma que lo hace la cota de armas para cubrir los restos de ellas.

Armas de don Juan Sebastián Elcano

Linaje Ayestarán

Armas de Josu Imanol Delgado y Ugarte

Tenantes y soportes

Los tenantes son las figuras de ángeles, niños, doncellas, figuras religiosas, hombres armados, centauros o salvajes, sirenas, etc., a todas las cuales se les ha apropiado el nombre porque parece que tienen simplemente el escudo.

Los soportes son, al contrario de los de tenantes, figuras de animales cuadrúpedos, de aves o reptiles, leones, leopardos, lebreles, perros, unicornios, águilas, grifos, dragones, etc., que se ponen a los lados del escudo de armas como si fuera su cometido la guardia de él, o en una postura fiera y osada para dar respeto.

Tenantes, linaje Torquemada

Grito, divisa y leyenda

El grito es el antiguo grito de guerra inscrito en una cinta o listón flotando por encima del yelmo la corona o de la cimera. Solía ser el nombre de la familia o la casa. La divisa, mucho más común que el grito, suele ser una frase concisa que encuentra su lugar en una cinta por encima de los timbres del escudo, y también por debajo del mismo. La leyenda es una frase aún más breve que se coloca sobre la filacteria por encima de la encimera, y que a veces se confunde con el grito o la divisa.

Grito del linaje Llano

Leyenda del linaje de
San Antonio Lillo

Manto

El manto es un atributo real en España. Además de usar-
la la familia real lo emplean los grandes de España, representado en escarlata forrado de armiños y en forma de
tapiz. Los caballeros de las reales órdenes de Carlos III y
de Isabel la Católica usan también un manto característi-
co de cada real orden.

Manto de la Real Orden
de Isabel la Católica
*Armas de
don Fernando Martínez Larrañaga*

Manto para la Grandeza
de España

Brisuras

En la heráldica española no tuvo mucha relevancia, puesto que las armas plenas se transmitieron sin complicaciones y de forma general adoptando otras soluciones. Sin embargo, sí hubo algunas casas, en especial en las familias reales, entre ellas las de Castilla y Aragón, que adoptaron la brisura. Por la brisura se distingue el grado de los descendientes de una casa o familia. Por ellas se viene a conocer si se trata de primero, segundo, tercero, cuarto o quinto, pues el primogénito siempre debe usar las mismas armas que su padre, sin diferencia alguna, circunstancia que no concurre en los de demás hijos, por la obligación que les precisa de adicionarlas de alguna pieza que el blasón llama brisura. Algunos autores, señalan para el hijo segundo el lambel de tres pendientes, para el tercero la bordura, para el cuarto la orla, para el quinto el bastón y para el sexto la cotiza. Para más hijos se procedía a usar la fantasía más que los preceptos y reglamentos establecidos. Posteriormente para los hijos de estos, ponían más sobre las brisuras o brisuras dobles. Por ejemplo, si el hijo segundo usaba el lambel de pendientes, el hijo de este debe traer de cuatro pendientes, el tercero de cinco, el cuarto de seis, etcétera, cargándolo de aquella figura que le pareciese. Para el hijo segundo del que tenía bordura, señalan que sea anglesada; al tercero, cargada de bezantes o roeles; el cuarto, componada, etc., Y así los demás, de suerte que refieren la graduación de cada hijo.

En España, el día 18 de julio del año 1668, reinando Carlos III, con privilegio de este se señaló alguna diferencia en los hijos y nietos del primero que obtuvo armas de esta forma. El primogénito usará las mismas armas que su padre, el hijo segundo un lambel de tres pendientes, el tercero un creciente, el cuarto una estrella de cinco rayos, el quinto una mirleta, el sexto un anillo y el séptimo una flor de lis. Y en estas seis brisuras, cargándolas simultáneamente se compone otras dobles para los hijos de estos. Y así, al segundo, que tomó el lambel, le señala la luneta o creciente, cargada del lambel; al tercero la estrella, al cuarto la mirleta, al quinto el anillo y al sexto la flor de lis, todas sobrecargadas del lambel. Para el hijo segundo del que tuvo el creciente o brisura expresa le trae cargado de otro más pequeño, y del mismo modo dice del tercero ponga la estrella, el cuarto la mirleta, el quinto el anillo y el sexto la flor de lis. Al hijo segundo del que brisó con la estrella, manda ponga el creciente sobrebrisado de la estrella, lo que observaran el tercero con la estrella, el cuarto con la mirleta, el quinto con el anillo y el sexto con la flor de lis. Para el hijo segundo del que empezó a usar la mirleta sobrebrisura, como todos los demás con ella, este al creciente; el tercero la estrella, el cuarto la mirleta, el quinto el anillo y el sexto la flor de lis. Para el hijo segundo del que usó el anillo, refiere use del creciente cargado del anillo, y así, con esta misma sobrebrisura, el tercero con estrella, el cuarto la mileta, el quinto el anillo y el sexto la flor de lis. Y finalmente, para el hijo segundo, del que brisó con la flor de lis, señala el creciente, cargado de la flor de lis y con ella cargarán el tercero la estrella, el cuarto la mirleta, el quinto el anillo y el sexto la flor de lis. Teniendo en cuenta que alguna familia puede sobrepasar el número de hijos aquí propuestos, se propone el mudado de los esmaltes del campo que puede servir para los demás. Las brisuras se deben colocar en un franco cuartel, al cantón diestro del escudo (en el siniestro denota bastardía), teniendo presente que si el campo del escudo es de oro o de plata, el hijo segundo pondrá el cuartel de gules, el tercero de azur, el cuarto de sinople, el quinto de púrpura, el sexto de sable, el séptimo de contraarmiños y la brisura del color que fuese el campo principal del escudo. Pero siendo de color el campo del escudo, el hijo segundo habrá de poner de oro su franco cuartel, y el tercero de plata, con la brisura de gules, el cuarto de oro, y el quinto de plata, brisados de azur; el sexto de oro y el séptimo de plata, con la brisura de sinople, y las hijas, a excepción de cuando heredan la casa, brisarán sus escudos, tanto si son de metal como de color, poniendo el franco cuartel de armiños y la figura de oro, simbolizando en ambos esmaltes lo limpio y puro de su honor. Los herederos o sucesores ascenderán a la preferencia del uso de brisura en el orden establecido, de este modo: por muerte del primogénito, sin sucesión, entrará el segundo dejando su brisura, a tomar la del primero; el tercero, a tomar la del segundo y así de los demás, lo que se entenderá respectivamente en cualquiera de las cinco generaciones propuestas en el árbol familiar, optando por sus grados a la mejoría de las brisuras; bien entendido que los varones de inferior brisura, según la graduación de ellas, se antepondrán con preferencia a las hijas únicas y herederas que tuviesen por delante, excepto en el caso que los mayorazgos pidan por cláusula, el apellido, puede otra forma, espirando en estas y continuándose en aquellos la familia, parece se les debe justicia, además que el escudo de armas es distintivo propio del varón. Téngase en cuenta que además de las brisuras citadas, las piezas que se usan son a elegir y hay gran variedad de ellas. Pero no pueden usarse como tales las piezas que entran en la composición del blasón real. Así, en Francia, no se puede brisar un escudo con flores de lis; en España, con castillos y leones; en Alemania, con águilas en Inglaterra, con leopardos, etc. La primera ley de la heráldica dice: nunca debe ponerse en los escudos metal sobre metal, ni color sobre color, pero en las brisuras hay tolerancia y muchas veces puede verse color y metal sobre metal.

Tabla de brisuras

La heráldica eclesiástica

La heráldica eclesiástica tiene su inicio de utilización en el siglo XIII y es posterior a la aparición de la utilización de la heráldica militar, que se viene situando en el siglo XII. Vamos a tratar ahora de los adornos exteriores que son utilizados por el clero. Lo que viene a fundamentar dicha heráldica, primordialmente, es su timbre, y este habitualmente suele ser: tiara, mitra, capelo, cruz procesional y bordón.

Tiara

La tiara es la más importante, es el emblema de la dignidad papal. Una tiara es un tocado extralitúrgico para el papa. Su descripción visual sería como una cofia extra-litúrgica del papa, portada con ocasión de grandes solemnidades y sobre todo de los cortejos. Es un sombrero de plata en forma de cono ovoide, rodeado de tres coronas de oro de la cual penden dos ínfulas de gules.

Armas de su santidad el papa Francisco

Mitra

La mitra heráldica se coloca sobre las armas de los obispos y arzobispos. Existe en tres formas, llamadas respectivamente preciosa (*pretiosa*), dorada (*auriferata*) y simple (*simplex*).

La forma de la mitra tiene en la actualidad una tendencia a volver a la forma antigua más ancha y más baja en las representaciones en escudos de armas. Siempre es representada como de oro, y las cintas o ínfulas (*infulae*), que cuelgan de su interior, son del mismo color. En la mayoría de los países del continente ha sido más habitual representar la mitra de blanco adornado con oro, sin duda un intento de representar la mitra *pretiosa* que, aunque muy enjoyada, está realmente sobre una base dorada.

Mitra

Capelo

El uso heráldico del capelo eclesiástico sin duda tiene su origen en el sombrero rojo del cardenal, que como vestimenta data de 1245. El uso del sombrero propiamente dicho fue, por supuesto, una cuestión de ceremonia y de importancia, y por esa razón el uso heráldico del sombrero como indicativo del rango fue una conclusión inevitable. Su uso heráldico data de principios del siglo XIV.

El capelo eclesiástico es bajo, plano, de ala ancha, y de cada lado le cuelgan cordones y borlas. Aunque normalmente se conocen como borlas, a veces se las denomina *houppes* o *fiocci*.

Las normas que siguen son las que se reconocen en Roma, y en los últimos años se ha producido una reversión saludable en muchos casos al procedimiento adecuado en materia de heráldica.

Capelo de cardenal rojo, que tiene a cada lado *quince borlas* distribuidas en cinco filas de una, dos, tres, cuatro y cinco borlas respectivamente.

El del patriarca es verde y lleva quince borlas, como el del cardenal, pero los cordones y borlas del sombrero del patriarca están entretejidos con dorado.

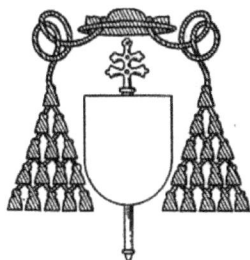

Patriarcas y primados.

El del arzobispo es verde y lleva diez borlas dispuestas en cuatro filas de una, dos, tres y cuatro respectivamente.

El del obispo es verde y tiene seis borlas a cada lado dispuestas en tres filas de una, dos y tres borlas respectivamente.

Los archiabades poseen rango episcopal y usan el mismo que el obispo.

El capelo de prebostes, abades mitrados y superiores provinciales de las órdenes es de color negro y se le asignan tres borlas.

El capelo de los superiores locales (guardián prior y rector) es negro y se le asignan dos borlas.

El capelo eclesiástico ordinario del simple sacerdote es negro, pero de la misma forma, y originalmente tenía a cada lado una sola borla del mismo

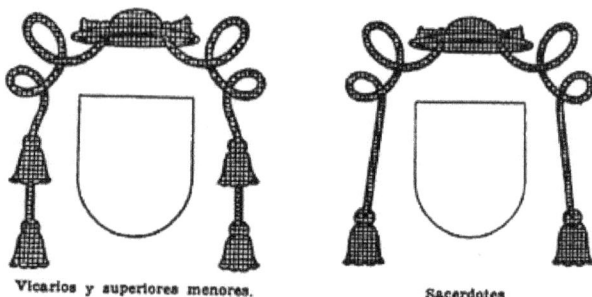

Vicarios y superiores menores.

Sacerdotes.

El general de la orden de los Premostratenses (canónigos blancos) usan un sombrero blanco con seis borlas blancas.

Los prelados de la cámara papal usan un capelo violeta con diez borlas rojas a cada lado.

Los protonotarios apostólicos tienen derecho a un sombrero violeta con seis borlas rojas a cada lado.

Los prelados domésticos, chambelanes privados y capellanes privados de su santidad tienen un sombrero violeta con seis borlas de color violeta.

Los chambelanes y capellanes honorarios tienen el sombrero violeta, pero solo tres borlas de color violeta.

Cruz procesional

La cruz procesional es un privilegio concedido a todos los arzobispos por el papa Gregorio IX. En heráldica se la representa en palo detrás del escudo.

La cruz de un arzobispo ordinario tiene un solo travesaño. En la práctica, es realmente un crucifijo colocado en la cima de un bastón, pero la heráldica distingue la cruz de un arzobispo de la cruz primacial que tiene el travesaño doble y la cruz papal con triple travesaño. Esta última, sin embargo, nunca se coloca detrás de las armas papales.

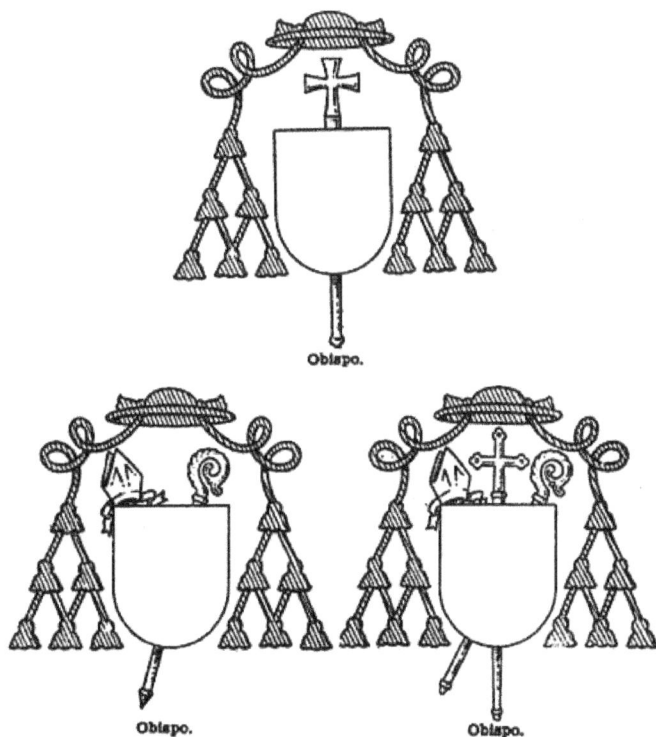

Cruz procesional acolada en varios escudos

Bordón

El bordón es el distintivo por antonomasia de los priores. Primitivamente fue un bastón de madera de los usados por los peregrinos y actualmente se usa con incrustaciones de plata.

Palio

Es un ornamento litúrgico que simboliza el supremo poder pastoral del sumo pontífice. Se hace de lana fina de cordero blanco, y tiene sobre ella seis cruces paté de seda negra ribeteadas con cordones.

Armas de su santidad el papa Benedicto XVI

Rosarios

Los rosarios pueden ser utilizados por todos los religiosos, y se coloca rodeando al escudo heráldico. Debe estar compuesto por cincuenta cuentas, agrupadas de diez en diez en sable.

Diccionario heráldico

A

Abanderado: Portador de una bandera. También se le llama alférez.

Abatido: Figura animal que se coloca en posición de abatida o caída.

Abiertas: Las ventanas y puertas de los castillos, torres, casas, etc., cuando a través de ellas se ve el campo del escudo o el esmalte de la pieza sobre la que están situados.

Abismadas: Muebles que están colocados en el abismo del escudo.

Abismo: Punto central del escudo, donde se cortan las dos diagonales del rectángulo en el que está inscrito.

Acamado: Mueble que está colocado sobre otro u otros.

Acéfalo: Falto de cabeza.

Aceña: Molino harinero de agua, situado dentro del cauce del río.

Acicate: Espuela que termina en punta.

Aclarado: Abertura, hueco o ventana por donde entra la luz en un edificio que se pinta de otro esmalte.

Acolado: Escusón que, estando solo en el escudo, lleva detrás banderas, llaves, cruces, lanzas, etc. También columnas o árboles, que se hallan rodeados de guirnaldas, hiedra, etc.

Acolar: Cuando dos escudos se ponen juntos para señalar la alianza de dos familias. También, colocar detrás de un escudo, en forma de aspa o rodeándolo, llaves, mazas, banderas, espadas, collares y bandas de órdenes civiles o militares, etc.

Acollarado: Animal que tiene collar, normalmente de otro esmalte.

Acompañada: Figura que está rodeada de otras de menor tamaño.

Acornado: Animal cuyos cuernos aparecen tintados en esmalte distinto al del cuerpo.

Acosado: Animales que se presentan perseguidos por canes.

Acostada: Figura que tiene otras dos a cada lado. También se dice del mueble que en contra de su posición natural se representa tumbado.

Acrúpido: Animal que se representa encogido, o si es esta su posición natural.

Aculado: Animal que se apoya en sus ancas o que las apoya en otra figura. También se dice de los muebles cuyos frentes miran hacia afuera y se tocan en la cola.

Adarga: Escudo ovalado de cuero.

Adiestrado: Partición irregular y desigual. Es la división en dos partes irregulares por una línea paralela al borde diestro y a una distancia de una quinta parte de la anchura del escudo.

Adiestrado: Pieza o mueble que tiene colocado otro a la diestra.

Adjurado: Se emplea para designar que en una torre, castillo, etc., sus puertas y ventanas son de distinto esmalte que el de este y del que tiene el campo del escudo. Es sinónimo de aclarado.

Adorno: Todo cuanto se coloque en el exterior del escudo sin formar parte integrante del mismo.

Adosado: Muebles que, siendo iguales, se colocan de espalda el uno del otro

Aflechada: Toda figura que termine en punta, como las flechas.

Afrontados: Animales o humanos que se miran de frente entre sí. Se dice también de los crecientes, concretamente el "tornado" y el "contornado", cuyas puntas se miran. También se utiliza en referencia al mueble consistente en la cabeza de una bestia que mira de frente.

Agareno: Moro, mahometano. Descendiente de Agar, personaje bíblico esclava de Abraham.

Agitado: Ondas del mar acabadas en punta aguda.

Aguamanil: Pieza formada por un jarro sobre una palangana.

Agudas: Palo, banda o barra cuyo extremo inferior termina en punta.

Águila alemana: Dibujada muy estilizada con trazos rectos.

Águila austriaca: Se la representa exployada, bicéfala y coronadas sus dos cabezas. Se le llama también águila imperial y águila rusa.

Águila española: La llamada águila de San Juan, es decir, de frente, con las alas abiertas, cola semiesparcida, mirando a la diestra y con un círculo nimbando su cabeza. Águila exployada: La que tiene las alas desplegadas o tendidas.

Águila imperial: Véase águila exployada.

Águila italiana: Se la representa con una sola cabeza, alas separadas pero no levantadas, y la cola extendida.

Águila monstruosa: La representada con todas las características normales del águila, pero con cabeza de lobo.

Águila rusa: Véase águila austriaca.

Águila: Salvo descripción en contrario, se la representa con las alas extendidas y levantadas en alto, y la cola bajas y esparcida.

Aguiletas: Águilas que, por repetirse muchas en un mismo escudo, es forzoso representar de forma pequeña y siempre con pico y garras de distinto esmalte al del resto de cuerpo y alas.

Aguilón: Águila sin pico ni garras.

Aguzada: Pieza cuyo extremo inferior termina en punta. También se dice aguda.

Aire: Se representa por rostros humanos con los carrillos hinchados en además de soplar con la boca fruncida.

Airón: Adorno del casco consistente en diversas plumas.

Ajedrez: Pieza derivada, formada por la combinación alternada de cuadros de metal y color. Se dice también del escudo formado por cuadros de ajedrez no superando más de seis órdenes por los costados y un máximo total de treinta y seis cuadros.

Ajedrezado: Pieza o mueble que lleva más de dos filas de ajedrez. Hay que indicar los órdenes, tanto horizontal y vertical.

Alabarda: Lanza en punta, que en sus costados lleva una cuchilla en uno y una media luna en otro.

Alada: Muebla que careciendo de alas, se le representa con ellas. Se usa también en referencia al ave cuyas alas están tintadas de diferente esmalte.

Alameda: Grupo de árboles cuando están puestos en hilera.

Álamo: Se representa con la copa alargada y tronco alto y estrecho.

Albornoz: Capa o capote con capucha.

Alfanje: Sable corto y curvo.

Alférez: Portador de una bandera.

Alma: Lema de una divisa o empresa.

Almacayo: Flor de lis.

Almena: Prisma que corona el muro de las fortalezas.

Almenada: Pieza o mueble que está coronado de almenas en su parte superior.

Almenara: Torre del homenaje de una fortaleza de donde sale una llama.

Almete: Diminutivo de yelmo.

Almilla: Vestidura guerrera que se usa debajo de la armadura a modo de camisa.

Almófar: Casquete o capuchón de malla que cubría la cabeza como un casco.

Alta: Espada cuya punta está orientada hacia la parte superior del escudo.

Alterada: Pieza o mueble cuya posición no se ajusta a las reglas heráldicas, normalmente en referencia al animal que mira a la siniestra.

Alternas: Piezas que se oponen alternativamente las unas a las otras. También se usa para los muebles y para los cuarteles de los escudos, en masculino.

Alzada: Pieza o mueble situada más alto de lo debido. Se aplica principalmente a la faja, cabrio, etc.

Amazona: Figura femenina que cabalga.

Anfisbena: Serpiente alada que tiene otra cabeza en la cola.

Ánade: Se representa de perfil, viéndosele las patas y flotando sobre ondas.

Anagramado: Escudo, pieza o mueble que contiene letras, leyendas o palabras.

Ancorada: Pieza cuyos extremos están rematados en forma de áncora.

Anfitrio: Serpiente alada.

Anglesada: Ver angrelada.

Angrelada: Pieza cuya parte exterior está formada por pequeñas muescas redondeadas.

Angulada: La pieza, cruz o aspa, de cuyos ángulos sale otra figura (generalmente alargada).

Anillado: Escudo sembrado de anillos.

Anilletes: Pieza derivada, de forma circular con el centro hueco.

Anillo: Pieza redonda y vacía que deja ver el campo del escudo.

Animado: Mueble o grupo de animales representados con los ojos abiertos.

Antemuro: Lienzo de muralla entre dos torres.

Anuletes: Ver anilletes.

Apalmada: Mano puesta de forma que se ve su palma.

Apio: Hoja de florón que se representa en las coronas.

Aplomado: Se dice de los cuadrúpedos cuando se representan con sus patas en líneas verticales. Es sinónimo de arrestado.

Apuntada: Piezas o muebles que se tocan por sus puntas.

Arbolado: Escudo que lleva varios árboles desordenadamente.

Archa: Arma ofensiva parecida a la pica, pero terminada en una especie de gran cuchillo.

Ardiente: Dícese de los edificios (castillo, iglesia, torre, etc.) representados ardiendo o con llamas saliendo de sus ventanas y puerta.

Argos: Rostro de mujer, de perfil, lleno de ojos.

Armado: Hombre o de alguna de sus partes (mano, brazo, etc.) cubierto por armadura o arnés. Se usa también respecto de los animales cuyas garras o uñas están tintadas de esmalte diferente al del cuerpo.

Armadura: Conjunto de armas que vestían para su defensa los que tenían que combatir.

Armería: Ciencia del blasón o arte heráldico.

Armiñada: Pieza o mueble guarnecido de armiños.

Armiñado: Escudo guarnecido de armiños.

Armiño: Esmalte. Pertenece al grupo de los forros. Son siempre de sable sobre plata. Se representan como una punta de flecha con tres puntos en su vértice superior.

Armorial particular: Registro de las armas de una determinada familia.

Armorial: Libro o registro en donde se inscriben las armas de la nobleza o de las corporaciones.

Arnés: Véase armadura.

Arpía: Se representa de frente, con cabeza y pecho de doncella y resto del cuerpo de águila.

Arrancado: Árboles (si nada se especifica, siempre se entienden así) y plantas representados con sus raíces. También se dice de la cabeza cortada de un animal, la que se representa con filamentos colgando del cuello.

Arrebatado: Lobo o zorra en posición rampante.

Arrestado: Animal que apoya todas sus patas. Es sinónimo de parado.

Artillado: Fortaleza, castillo, nao, etc., representados con cañones.

Arzón: Fuste trasero o delantero de la silla de montar.

Asaetada: Toda figura que lleva clavada alguna flecha.

Aspa: Pieza de honor, formada por la banda y la barra. Su anchura es igual a un tercio de la del escudo.

Aspillera: Abertura estrecha y alargada que tienen las fortalezas.

Asta: Palo o lanza de la pica.

Astado: Dícese del animal que lleva cuernos de diferente esmalte que el resto de la figura.

Astil: Mango de madera de las hachas.

Atalaya: Torre o torrecilla en los castillos y fortalezas, que sirve para la vigilancia. Atalayado: Castillo o torre que termina en una atalaya.

Atrevida: Gallo que presenta la pata diestra levantada. Por extensión se aplica a otras aves.

Aureola: Nimbo que se pone detrás de las cabezas de los santos, reyes, etc.

Azorada: Ave representada mirando hacia arriba y con las alas entreabiertas, indicando con su posición que va a iniciar el vuelo.

Azote: Se representa con mango corto y cinco cuerdas nudosas.

Azur: Nombre heráldico del color azul. En dibujo no coloreado se representa por medio de líneas horizontales.

B

Babera: Parte de la armadura de la cabeza que cubre quijada y boca.

Bacinete: Casco ligero que cubría exclusivamente la cabeza.

Badilla: Pala pequeña para remover el fuego.

Bajada: Pieza situada más bajo de lo debido. Es antónimo de alzada.

Baldaquín: Se usa para denominar al repostero o trono.

Balza: Estandarte o bandera usada por los templarios, con una cruz en el centro.

Banda: Pieza fundamental. Atraviesa del ángulo superior derecho al ángulo inferior izquierdo el rectángulo en que está inscrito el escudo. Su ancho es igual a un tercio del ancho del escudo.

Bandado: Escudo cuyo campo está cubierto de bandas, alternativamente de color y metal, en número par o impar.

Banderola: Adorno de cintas que llevan las lanzas entre el aspa y la punta.

Barba: Punta del escudo.

Barbacana: Saetera o tronera.

Barbelado: Animal cuyas barbas están tintadas de esmalte diferente al del cuerpo. Barboquejo: Correa o cinta para sujetar el morrión por debajo de la barba.

Barda: Armadura que guarnece el pecho, costados y ancas de los caballos.

Bardado: Animal cuadrúpedo que está enjaezado. Principalmente el caballo.

Barra: Pieza fundamental. Atraviesa del ángulo superior izquierdo al ángulo inferior derecho el rectángulo en que está inscrito el escudo. Su ancho es igual a un tercio del ancho del escudo.

Barrado: Escudo cuyo campo está cubierto de barras, alternativamente de color y metal, en número par o impar.

Barrear: Fortificar con maderos.

Barretas: Barras o rejillas de los cascos.

Basilisco: Se representa de perfil con cuerpo de águila y cola de reptil.

Bastillada: Pieza de arquitectura militar cuyos bordes en forma almenada se representan en posición invertida.

Bastón: Pieza disminuida. En la misma posición que la banda pero más estrecha. Su ancho es de un doceavo del ancho del escudo o un cuarto del de la banda.

Bastonada: Cruz que se forma por dos bastones entrecruzados.

Batallada: Campana cuyo badajo aparece tintado de esmalte distinto al de ella.

Baticola: Correa que sujeta la silla de montar a la cola del caballo.

Becerro: Se emplea para designar un libro dentro del campo del escudo.

Bélgico: León de sable sobre campo de oro. Se denomina así por ser muy habitual en los Países Bajos. También se llama "flamenco".

Bermejo: Color de gules.

Bermellón: Color de gules.

Besante: Figura heráldica que representa la moneda de este nombre. No confundir con el bezante.

Bezante tortillo: Cuando el bezante aparece cortado, partido, tronchado o tajado de color y metal, siempre que este figure en primer lugar.

Bezante: Pieza derivada, de metal y forma redonda y plana. Tiene su origen en los *bizantius* (monedas griegas, así denominadas en latín).

Bezanteado: Escudo sembrado de bezantes.

Bicéfalo: Animal o ser quimérico que tiene dos cabezas.

Bien ordenadas: Figuras ordenadas, dos arriba y una abajo.

Bifurcada: La cola de los animales cuando se divide en dos borlas.

Billetado: Escudo o pieza sembrado de billetes.

Billete: Pieza pequeña rectangular.

Birrete: Todo gorro que lleva borla.

Bisecar: Dividir en dos partes iguales.

Biszado: Escudo sembrado de serpientes. También se dice buzado.

Blasón: Representación gráfica, generalmente con forma de escudo, que contiene los emblemas que representan simbólicamente una nación, una ciudad, un linaje, etc.

Boca del escudo: Borde del mismo.

Bocarda: Trabuco de boca ancha.

Bocla: Refuerzo metálico que fue el precursor de las primeras piezas heráldicas, como faja, palo, banda, etc.

Bodoque: Bola de barro que servía de proyectil.

Bohordo: Lanza corta que en los torneos se arrojaba contra un blanco.

Bollones: Clavos puestos sobre piezas o muebles y cuyo esmalte es distinto al de estos.

Bomba: Se representa por medio de una bola de cuya parte superior sale una llama.

Bombarda: Cañón de gran calibre.

Bordada: Pieza cuyo reborde está esmaltado distinto del de ella.

Bordón: Bastón de peregrino.

Bordonada: Cruz cuyos brazos terminan en forma de bola. También se dice pometada.

Bordura cosida: Se dice de la que tiene el mismo esmalte que el campo que rodea.

Bordura: Pieza de honor o fundamental. Rodea el campo del escudo por su interior y tiene un ancho de un sexto del ancho del escudo.

Borgoñota: Casco ligero que deja el rostro al descubierto.

Botavante: Palo que termina en forma de chuzo.

Botonada: Flor representada de frente y cuyo botón central es de distinto esmalte.

Braza: Pieza de la armadura que cubre el brazo.

Bretesada: Pieza que en al menos uno de sus bordes está almenada.

Brigantina: Coraza formada por láminas de acero en forma de escamas.

Brisadas: Las armas que llevan brisura.

Brisura infamante: La que sirve para marcar algunas armas en sentido difamatorio (dado, escusón invertido, etc.).

Brisura: Pieza para distinguir las distintas ramas de un mismo linaje (lambel, merleta, estrella, anillo, etc.). Mueble colocado por encima de otro.

Brochante: Pieza o figura que se superpone sobre otra quedando en su interior, o sea, sin salir de su contorno.

Brújula: Se representa por dos círculos concéntricos y una aguja en el centro.

Bucentauro: Centauro con cuerpo de toro.

Bucleado: Animal que se representa con una anilla en la nariz. También se usa respecto del collar que lleva un animal, si es que tiene una hebilla.

Búho: Se coloca con la cabeza de frente.

Buitrón: Red cónica empleada en la pesca. También se llama butrón.

Bullón: Pieza de metal que figura la cabeza de un clavo.

Burel: Ver burela.

Burela: Pieza disminuida. Se trata de una faja disminuida en dos tercios del ancho normal de la faja. Se suelen colocar cinco veces repetidas, alternando color y metal. La burela debe ser más ancha que el espacio que deja visto del campo del escudo.

Burelado: Escudo de diez fajas, cinco de metal y cinco de color.

Burelete: Círculo de seda, con los colores del escudo, que se coloca como adorno encima del yelmo, figurando que ata o sujeta las plumas que salen de él.

Burjaca: Bolsa que llevan los peregrinos debajo del brazo izquierdo colgando de una correa.

Busto: Cabeza de hombre o de mujer con la parte superior del pecho y sin brazos. Salvo descripción en contrario, se representa de frente.

Butrón: Véase buitrón.

Buzado: Véase biszado.

C

Cabaña: Se la representa cónica.

Cabellada: Figura humana cuyo pelo está esmaltado distinto al resto de la cabeza.

Cabeza de moro: Cabeza humana de color negro, cuya colocación es de perfil.

Cabeza de rey moro: Se la suele representar de frente y con turbante, y a veces con corona sobre este.

Cabeza: Jefe del escudo.

Cabos: Se dice de los extremos de alguna cruz honorífica, cuando esta está por detrás del escudo, quedando oculta la parte central.

Cabriado: Escudo o pieza cuajado de cabrios de metal y color alternativamente.

Cabrio apuntado: Dos cabrios invertidos que tienen sus puntas en el centro del escudo.

Cabrio: Pieza fundamental o de honor. Tiene forma de compás; la punta del ángulo en la línea inferior del jefe, los brazos o patas, dirigidos a los ángulos inferiores del rectángulo en que está inscrito el escudo. Su anchura es de un tercio del ancho del escudo. También recibe el nombre de chevrón.

Caduceo: Vara recubierta de terciopelo que usaban los reyes de armas en las ceremonias solemnes.

Caftán: Vestimenta mora o turca que cubre el cuerpo desde el cuello hasta la mitad de la pierna.

Caída: Se usa en referencia a las alas del águila cuando sus extremos apuntan hacia abajo. Se dice también de la partición ecotada cuyo vértice nace en el tercio inferior del escudo.

Cairel: Guarnición que cuelga como los flecos.

Cáliz: Cualquier vaso en forma de copa.

Calvario: Montículo rematado por una cruz latina que tiene una corona de espinas y tres clavos.

Calzado: Partición irregular y desigual, formada por dos líneas que, saliendo de la punta, suben al ángulo diestro y siniestro del escudo.

Camal: Capucha de mallas que cubría la cabeza y hombros.

Campaña: Pieza de honor. Ocupa la totalidad de la punta del escudo, o sea, un tercio de la altura de este. Algunos tratadistas fijan su anchura en un cuarto de la altura.

Campo del escudo: Es la superficie del escudo delimitada por el contorno, donde se pintan las figuras.

Candela: Pequeño montículo de troncos de leña, de los que salen llamas.

Cantante: Ave que se representa con el pico abierto. Es

muy frecuente su aplicación al gallo.

Cantón de honor: Pieza que se representa con el primer cuartel del escudo, algo más pequeño que el mismo. Llamado también franco cuartel.

Cantón: Pieza de honor. Son las superficies formadas por las tercera partes del jefe y de la punta, llamados diestro y siniestro. Su posición suele ser la diestra, sin que venir en la siniestra signifique obligatoriamente bastardía. Se dice también de cada uno de los ángulos que forman los brazos de las cruces. Es usado como brisura, para colocar otras armas independientes de las del escudo. En la heráldica napoleónica indicaba los cargos de los condes y barones.

Cantonadas: Piezas principales cuando van acompañadas de otras en los cantones del escudo.

Capa: Partición irregular. Se forma partiendo desde la mitad del jefe hasta las de los flancos. Es lo mismo que cortinado. Ropa larga, amplia y sin mangas.

Capacete: Casco que cubre la cabeza y que generalmente termina en punta.

Capelo: Timbre usado por los prelados. De gules y con quince borlas pendientes de sus cordones para los cardenales. De sinople con diez borlas para los arzobispos; con seis borlas para los obispos y con tres para los abades.

Capellina: Casco pequeño que cubría la parte superior de la cabeza.

Caperuzado: Figura animal o humana cubierta con una caperuza. Se dice también capirotado.

Capuchonado: Halcón que se representa con una capucha (siempre en posición posada). Por extensión se aplica a otras aves.

Carabela: Se pinta con tres palos y las velas desplegadas.

Cardizales: Lugares donde abundan los cardos.

Cardo: Planta espinosa o erizada, de pinchos.

Cargada: Pieza o mueble que lleva otra puesta encima y que está en su interior sin salirse de él.

Carnación: Color natural de la carne humana.

Carrasca: Mata pequeña.

Cartela abierta: La que lleva en su centro otra pieza disminuida.

Cartela acostada: La que, contrariamente a la regla, va puesta en sentido horizontal.

Cartela natural: Es la que se representa por medio de una tira arrollada en sus extremos.

Cartela: Pieza pequeña y rectangular que se pone verticalmente en el escudo.

Cartelado: Escudo o pieza sembrado de cartelas.

Casco: Parte de la armadura que sirve para resguardar la cabeza y rostro; suele llevar corona y burelete, con penacho de plumas, y es un timbre o adorno exterior del escudo muy común. También se denomina yelmo y celada.

Castillado: Escudo sembrado de castillos.

Caudado: Cometa o estrella que tiene una de sus puntas, rayos y colas más larga que las otras y de distinto esmalte. Se dice también caudato.

Caudato: Véase caudado.

Cazoleta: Defensa para la mano que se pone en el puño de la espada.

Cebado: Animal que porta una presa en la boca. Se aplica frecuentemente al lobo.

Celada: Véase casco.

Centellada: Pieza que acaba en puntas agudas.

Centro: Punta central del escudo, donde se cortan las dos diagonales del rectángulo en que está inscrito. Se conoce también por abismo.

Ceñidor: Pieza disminuida. Es igual que la faja, pero con su anchura disminuida en un tercio de la de esta. Es igual a la novena parte de la altura del escudo.

Cimado: Pieza o mueble que se coloca sobre otra, tocándola.

Cimera: Figura, natural o artificial, que se coloca como adorno encima del yelmo.

Cinchado: Animal representado con una cinta alrededor del cuerpo y con distinto esmalte que este.

Circulado: Barril o vasija cuyos aros están tintados en diferente esmalte que él.

Ciudad: Se representa con murallas, iglesias y casas.

Clarinado: Animal representado con un cencerro o cascabel de distinto esmalte a él.

Clava: Especie de maza que termina en forma ovalada y con puntas.

Clavado: Clavos de la herradura con distinto esmalte que esta.

Cobarde: Animal representado con la cola entre las piernas.

Coceando: Caballo con las manos apoyadas y las ancas levantadas en acción de cocear. Por extensión se aplica a otros animales.

Cola horquillada: Cola de animal que termina en dos puntas o borlas.

Colocar: Forma en que se representan orientados los muebles. Es diferente al verbo "poner", relativo a la disposición en que se representan los muebles.

Colores: Grupo de esmaltes. Son cinco: gules (rojo), azur (azul), sinople (verde), sable (negro) y púrpura (morado). Este último puede usarse como metal y como color.

Columna: Se pinta cilíndrica con basa, fuste y capitel.

Comble: Pieza disminuida. Se trata del jefe disminuido en dos tercios de su anchura normal, es decir, igual a un noveno de la altura del escudo.

Componada: Pieza tintada alternativamente de color y metal en cuadros y en una sola hilera.

Concha: Véase venera.

Condenado: Armas a las que, por castigo a su titular, se le suprime alguna de sus partes. Son generalmente ofensivas.

Confalón: Estandarte cuya altura es tres veces más que su anchura.

Contera: Pieza de metal que se coloca en la extremidad de la vaina de la espada, y que tiene que ser del mismo esmalte que la empuñadura. Se pinta como una especie de creciente vaciado en su centro.

Contornado: Figura, normalmente animal, con la cabeza vuelta mirando a la siniestra del escudo.

Contorneada: Figura que se representa solo su contorno.

Contralmenado: Si las almenas superiores de la pieza almenada no corresponden a las inferiores.

Contrarmiñado: Campo de sable y armiños de plata.

Contrabanda: Banda dividida en dos partes iguales, una de color y otra de metal.

Contrabandado: Escudo lleno de contrabandas.

Contrabarra: Barra dividida en dos partes iguales, una de color y otra de metal.

Contrabarrado: Escudo que lleva contrabarras.

Contracabrio: Cabrio dividido en dos partes iguales, una de color y otra de metal.

Contracuartelado: Escudo cuartelado, donde cada una de cuyas divisiones se cuartelan a su vez.

Contraembozo: Escudo cortinado que se divide en dos mitades.

Contraembrazado: Partición irregular y desigual. Escudo que resulta del trazado de dos líneas desde los ángulos siniestros hasta el centro del flanco diestro.

Contrafaja: Faja cortada.

Contrafajado: Escudo que lleva contrafajas.

Contrafileteado: Escudo que lleva dos filetes en sus bordes.

Contraflamente: Figuras opuestas, onduladas y aguzadas en forma de llama. Contrajaquelado: Jaqueles contrapuestos o fajas.

Contrapalado: Palo dividido en dos partes iguales, una de color y otra de metal.

Contrapalmada: Mano abierta que muestra el dorso.

Contrapalo: Palo cortado.

Contrapasado: Figuras iguales colocadas una sobre otras, pero en posición invertida.

Contrapuesto: Representación de dos muebles iguales que se colocan opuestos e invertidos el uno respecto del otro.

Contrapuntado: Armas con punta, colocadas tocándose todas ellas por su punta.

Contrarrampantes: Los animales rampantes afrontados.

Contraveros: Los veros que están unidos dos a dos por su base, siendo del mismo esmalte.

Coquilla: Véase venera.

Coraza: Armadura que cubre el pecho y la espalda.

Corazón: Es el centro del escudo. También se le denomina abismo.

Corbata: Cinta que se pone en el asta de la bandera.

Cordonada: Cruz formada por cordones.

Cornucopia: Véase cuerno de la abundancia.

Corona antigua: Corona formada por un círculo adornado de puntas o rayos, todo de oro.

Coronada: Figura que lleva corona.

Coronado: Animal representado con una corona en su cabeza.

Cortado: Partición. Escudo dividido en dos partes por una línea horizontal que pasa por el abismo.

Cortinado: Partición irregular y desigual. La forman dos líneas que bajan del centro del jefe a los ángulos inferiores, diestro y siniestro, del rectángulo en el que está inscrito el escudo.

Coselete: Coraza ligera compuesta de peto, espaldar, y que es generalmente de cuero.

Cosido: Pieza o cuartel que, contraviniendo las reglas heráldicas, se superpone en campo del mismo esmalte. Suele darse en el jefe y la bordura.

Cotiza: Pieza disminuida. Es una banda disminuida a la mitad de su anchura normal;

es decir, igual a un noveno de la anchura del escudo.

Cotizado: Escudo compuesto de diez cotizas, cinco de metal y cinco de color.

Cramponado: Piezas que en sus extremidades tienen una media potenza y, a veces, un gancho.

Crancelín: Coronas o parte de estas que se ponen en banda.

Crecal: Pieza heráldica en forma de candelabro con siete o más brazos.

Creciente: Media luna colocada con las puntas mirando al jefe.

Crequier: Tipo de árbol muy estilizado, usado frecuentemente en la heráldica francesa.

Crestado: Gallo cuya cresta tiene diferente esmalte al del cuerpo. Por extensión se aplica a otras aves.

Crista: Crestón de la celada.

Cruceta: Cruz pequeña.

Cruz (clases): Agujereada, Aguzada, apuntada o angulad, Ancorada, Andina o chacana, Ansada, de San Antonio o egipcia, Armenia o floreada, Arponada, Bautismal, Bipartida, Bizantina, Bordonada, Cátara o de Occitania, Celta, Cercenada, Con proclamación, Contra el mal, Copta, Coronada, Crampronada, Crismón o lábaro, Cruceteada, De Alcántara (antigua y moderna), De apóstoles, De arcángeles, De Borgoña, De Calatrava, De Caravaca, De catacumbas o de Salem, De Chanterbury, De eternidad, De evangelistas, De evangelización, De gloria eterna, De Granada, De Jerusalén, De la bienaventuranza u ocho beatitudes, De la orden de Avis, De la orden de Cristo, De la orden de Santiago de la Espada, De la orden dominicana, Cruz de Torre del Río (OSMTJ), De la victoria, De las manos de Dios, De Lorena, De los ángeles, De Malta, De Camargue o de María Magdalena, De Molina, De Montesa (antigua y moderna), De nacimiento, De penitencia, De Rosa Cruz, De San Andrés, de Borgoña o Decusata, De

San Lázaro, De San Pedro o invertida, De Santa Brígida, De Santiago, De Satán, De Sobrarbe, De Tau, De Trinidad, De Ulm, De Vid, Del Calvario, Del Santo Sepulcro, Disimulada, Encuadrada, Encuadrada celta, Ensanchada, Especular, Especular trebolada, Espinada, Esvástica o gamada, Falcada, Fijada, Flechada, Flordelisada, Floreada, Franciscana, Sovástoca o gamada, Gnóstica, Griega o cuadrada, Horquillada, Hugonota, Latina o de la pasión, Lauburu o vasca, Mariana, Marinera, Matrimonial, Ortodoxa, Ortodoxa rusa, Papal o pontificia, Paté, Paté curvada, Paté del templo, Paté de brazos extendidos, Paté de hierro teutónica, Paté redondeada, Paté templaria, Patonce, Patriarcal, Pometeada, Potenzada, Presbiteriana, Punteada, Radiada, Resarcelada, Rosetón de evangelistas, Rota, Serbia, Teutónica o negra, Trebolada, Trebolada apuntada, Triunfal, Visigoda o de San Millán.

Cruzado: Pieza o mueble cargada de una o más cruces.

Cuartel: Espacio hueco del espacio proporcionado para contener las armas de un linaje, enlazado por alianza a los demás que figuran en el mismo escudo. Es decir, cada cuartel suele ser un escudo distinto que se agrupa con otros.

Cuartelado en aspa: Repartición. Formada por el tronchado y el tajado juntos. El cuartelado en aspa se llama también cuartelado en sotuer o cuartelado a franje.

Cuartelado en cruz: Repartición. Formada por el partido y el cortado juntos.

Cuartelado: Escudo dividido en los cuarteles que haya de tener. Hay que numerarlos.

Cuarteles: Son las partes resultantes de dividir el escudo por las particiones y reparticiones. Cada una de ellas se rige por las mismas normas del escudo, como si de otros independientes se tratara.

Cubierto: Edificación representada con un tejado.

Cuerno de la abundancia: Se representa por un vaso

en forma de cuerno, del que salen frutos y flores.

Cuerpo: Véase divisa.

Curvado: Pez, principalmente el delfín y el barbo, representada su figura en forma curva.

Custodia: Pieza esmaltada de metal, donde se expone el Santísimo Sacramento.

CH

Chaparro: Mata de poca altura y muchas ramas, a través de las cuales se ve el campo del escudo.

Chapé: Véase mantelado.

Chaperón: Capuchón abierto.

Chaperonado: Animal que tiene la cabeza cubierta por un chaperón.

Chevrón: Véase cabrío.

Chevronado: Véase cabriado.

Chuzo: Palo armado con un pincho metálico.

D

Dado: Se representa dejando ver tres de sus caras.

Daga: Arma semejante a la espada pero más corta.

Damado: Véase ajedrezado.

Danchada: Pieza que termina en forma de diente.

Dantel: Pieza resultante de la unión de triangulitos a manera de dientes.

Dantelada: Pieza que, por su borde, tiene dientes menudos. Ver dentellado.

Dantelado: Escudo formado de fajas de danteles invertidos de metal y color.

Decapitado: Figura humana o animal representada sin cabeza.

Defendido: Se aplica cuando a los lados o en la puerta de un castillo, torre, árbol, etc., se colocan dos animales. Animal aculado a otro mueble.

Defensas: Colmillos salientes de un animal que van tintados en distinto esmalte al del cuerpo. En el jabalí sus defensas son siempre de distinto esmalte.

Del uno al otro: Pieza o mueble que, estando partido, cortado, tronchado o tajado, tiene una mitad en un campo y la otra en el otro, tintándose con los esmaltes cambiados de uno y otro campo.

Del uno en el otro: Escudo con dos campos y con igual contenido, pero con los esmaltes alternados.

Demolida: Edificación representada medio derruida.

Dentado: Partición irregular y desigual. Son las partes o piezas del escudo que están enclavadas las unas en las otras mediante clavijas. Puede darse en escudo cortado, partido, tronchado y tajado.

Dentado: Véase dentellado.

Denteado: Véase dentellado.

Dentellado: Figura cuyo perfil está formado por dientes pequeños.

Dentellón: Cada uno de los dientes de la pieza dentellada.

Descuartizado: Animal representado en partes.

Desfiladero: Se representa entre dos montes.

Desgarrado: Animal representado con una herida, generalmente esmaltada de gules.

Desguarnecido: Caballero que se representa sin cabalgadura ni arreos de ninguna clase.

Deshojado: Árbol o planta que se representa seco y sin hojas.

Desmembrado: Animal al que le falta algún miembro.

Desmochado: Árbol que se representa con su copa plana.

Desnudo: Brazo humano representado sin vestidura ni armadura. Por extensión también a otras partes del cuerpo.

Despeñada: Ave representada con la cabeza hacia abajo y volando, como si fuera en vuelo picado.

Desplumada: Se aplica solamente a la gallina cuando se representa sin plumas.

Despuntada: Arma punzante cuya punta aparece rota o roma.

Desramado: Árbol representado sólo el tronco, sin ramas.

Diablo: Se representa alado, con cuernos, rabo y empuñando un tridente.

Diademada: Águila exployada en la que se substituyen las coronas por dos diademas, rodeando cada una a cada una de las cabezas.

Diapresada: Figura que lleva un dibujo en forma de follaje y de distinto esmalte.

Diestra: Es siempre la derecha, según el punto de vista del escudo, no del observador.

Diestrado: Mueble que mira al lado derecho del escudo.

Difamado: Animal representado sin cola.

Dimidiado: Se aplica a los escudos partidos, en los que cada cuartel lleva las armas de un linaje diferente al otro.

Divisa: Lema o mote para aludir un deseo del titular del escudo. Se sitúa normalmente en la bordura, en el jefe o en la punta. También, listón o bandera en el exterior del escudo, que expresa un deseo o una empresa de quien lo lleva.

Donjonada: Torre a la que se añade, en su parte superior, una torre más pequeña.

Donjonado: Castillo cuya torre central es más alta que las dos laterales.

Dorsada: Figura que está colocada de espaldas.

Dos y una: Colocación de los muebles, dos en jefe y uno en punta, cuando se encuentran en número de tres. Equivale a la expresión "bien ordenadas".

Dragante: Figura que representa una cabeza de dragón o de león, con su boca abierta tragando o mordiendo una pieza o figura.

Dragón: Se coloca de perfil, con cabeza y patas de águila, el cuerpo y cola de serpiente, las alas de murciélago y la lengua que sale del pico en forma de dardo.

Dragonado: Animal cuyo cuerpo termina en cola de dragón.

E

Ebrancado: Árbol al que se le han cortado las ramas por ambos lados, quedando solamente el tronco.

Ecotada: Pieza cuyo reborde semeja el tronco del árbol cuyas ramas han sido cortadas.

Echado: Animal en posición de descanso y tumbado. También, cabrio cuyo vértice está inclinado a uno de los flancos del escudo.

Egipcia: Cruz rematada por un asa.

El uno sobre el otro: Todo mueble que está superpuesto sobre otro.

Elanzado: Animal en posición de correr.

Embanderado: Escudo que está adornado de banderas.

Embrazado: Partición irregular y desigual poco corriente en las armerías españolas. Está formada por dos líneas que, saliendo del centro del flanco siniestro del escudo, terminan en los ángulos diestros, superior e inferior, del rectángulo en que está inscrito el escudo.

Embridado: Caballo cuya cabezada y bridas son de distinto esmalte al del cuerpo. Empenada: Flecha o dardo tocada de plumas en su terminación.

Empietando: Del verbo empietar. Se aplica a las rapaces representadas sobre su presa, asiéndolas con las garras y picándola.

Empinante: Animal con sus patas delanteras apoyadas en un castillo, árbol, etc.

Empulgado: Dardo puesto en el arco o en la ballesta y a punto de disparo.

Empuñada: Arma o mueble asido por mano de hombre o garra de animal.

Emuselado: Animal que lleva puesto bozal.

Enarbolada: Bandera que se representa tremolante.

Encabada: Arma cuya empuñadura es de distinto esmalte.

Encabados: Los mangos de cualquier pieza que son de diferente esmalte que ella.

Encabritada: Cabra que se representa en posición rampante. Por extensión se aplica a otros cuadrúpedos, aunque para estos es más correcto el término espantado.

Encajadas: Cada una de las particiones de un escudo encajado. El campo es la parte superior, siendo la pieza la inferior. Es preciso especificar la posición de los triángulos y si son enteros o medios.

Encajado: Partición irregular y desigual. Escudo cuyas particiones encajan las unas en las otras, es decir, un cuartel con otro. Ocurre solamente cuando se trata de las particiones partido, cortado, tronchado y tajado.

Encajes: Los triángulos de color o metal en el escudo encajado. La anchura o altura de los triángulos que forman el encaje será del mismo tamaño que la faja, palo, banda, etc.

Encarnación: Véase carnación.

Encastillado: Monte en cuya cima se ve una fortificación.

Encendido: Antorcha o tea cuya llama es de distinto esmalte al del resto. También se usa respecto de los animales cuyos ojos tienen distinto esmalte al del resto del cuerpo.

Encerrado: Animal colocado dentro de un trechor.

Enclavado: Partición irregular y desigual. Se aplica al escudo partido, cortado, tronchado o tajado, cuando encaja una pieza cuadrada de una partición en otra. Si fueran varios los salientes, hay que indicar el número. Todas las enclavaduras deben ser del mismo tamaño.

Enclavijado: Partición irregular y desigual. Son las partes o piezas del escudo que están enclavadas las unas en las otras mediante clavijas.

Encrespado: Ondas del mar cuando se representan con picos.

Encruzado: Caballero con una cruz en el pecho.

Encumbrado: Monte que tiene alguna pieza en su cumbre.

Endentada: Véase danchada.

Enfilada: Pieza o mueble hueco colocado dentro de una pieza.

Enfurecido: Gato representado en posición rampante.

Englandado: Roble o encina cargados de su fruto.

Engolado: Pieza o mueble cuyos extremos entran en la boca de un animal o monstruo. El más típico ejemplo es el de la banda engolada de dragantes.

Engrifado: Animal representado con las crines o los pelos en punta.

Enguichada: Cornetas, trompas de caza, etc., cuando aparecen encintadas con cordones de distinto esmalte.

Enguinchada: Véase enguichada.

Enjaezado: Caballo ensillado y dispuesto para montar.

Enlazadas: Pieza o mueble que se representa enlazada con otra pieza o mueble.

Enlazado: Animal cuadrúpedo acolado a otro.

Enrejado: Escudo fretado, cuando los puntos de reunión de las cotizas llevan un clavo de distinto esmalte.

Ensangrentado: Animal que chorrea sangre por una herida.

Entada: Pieza que está encajada con otra en forma de clavija.

Entado en jefe y alzado: Triángulo curvilíneo que tiene su vértice en el centro de la línea inferior del jefe y su base en los extremos superiores del mismo.

Entado en jefe: Triángulo curvilíneo que tiene su vértice en el centro del escudo y su base en la parte superior del mismo.

Entado en punta y caído: Triángulo curvilíneo que tiene su vértice en el tercio inferior del escudo y su base en la parte baja del mismo.

Entado en punta: Partición irregular y desigual. Triángulo curvilíneo que tiene su vértice en el tercio inferior del escudo y su base en la parte inferior del contorno del mismo. Entado: Partición irregular. Pequeña partición que se coloca en la punta del escudo, cuyos lados son curvos y se unen en el punto central de la línea que delimita la punta. Entrelazado: Tres muebles iguales entrelazados entre ellos.

Entretenida: Dos figuras iguales que se enlazan entre ellas.

Equipado: Nao que se representa con todo su aparejo.

Equipolados: Puntos. Piezas derivadas. Formado por dos líneas horizontales y dos verticales, que originan nueve cuadros, de los cuales han de ser, alternadamente, cinco de metal y cuatro de color, o viceversa.

Erizado: Véase erizonado.

Erizonado: Gato encorvado y con su espinazo levantado más que la cabeza. También se dice erizado.

Escacado: Véase jaquelado.

Escala: Escalera de mano.

Escalonada: Cruz cuyos extremos se ensanchan en forma de escalones.

Escamado: Pez cubierto de escamas.

Escaqueado: Véase ajedrezado.

Escaques: Cada uno de los jaqueles que forman el jaquelado.

Escarbucia: Refuerzos metálicos que fueron los precursores de las primeras piezas heráldicas, como faja, palo, banda, etc.

Escarpe: Pieza de la armadura que servía para proteger el pie.

Esclarecido: Todo mueble que lleve ventanas; generalmente edificaciones.

Escorchado: Animal que se representa desplumado o desollado, en cuyo caso siempre va esmaltada de gules.

Escorpión: Se le representa con la cola alzada.

Escuadra (en): Escudo formado por los trazos de una cruz esvástica, cuyo centro coincide con el del escudo.

Escuartelado: Véase cuartelado.

Escudete: Véase escusón.

Escusón: Pieza fundamental o de honor. Se coloca en el centro del escudo, siendo sus dimensiones una tercera parte de las del mismo. En él se colocan las armas personales, sobre las del mayorazgo.

Esfinge: Figura que se representa con cabeza y pecho de mujer y cuerpo y garras de león.

Esgrimida: Arma sostenida por una mano.

Esmaltes: Son las pinturas con que se cubren los campos de los escudos, las piezas y los muebles. Se dividen en tres grupos: metales (dos), colores (cinco) y forros.

Espada: Salvo indicación en contrario, se representa siempre con la punta hacia el jefe.

Espantado: Animal cuadrúpedo representado en postura rampante.

Espanuida: Flor que tiene esparcidas sus hojas.

Espejo: Se representa generalmente rectangular, con marco y anilla.

Espinosa: Cruz de cuyos ángulos y brazos nacen espinas.

Estandarte: Generalmente en forma cuadrada, pendiente de unos cordones y estos de un asta.

Estrecha: Pieza disminuida. Se dice de la cruz cuyos brazos tienen una dimensión de 1/18 de la altura del escudo. La anchura de la misma dependerá del contenido de los cuarteles.

Estrellado: Escudo sembrado de estrellas.

Esvástica: Cruz de brazos iguales, cuyos extremos doblan en la misma dirección.

Evirado: Animal al que, por la forma en que está representado, no se le distingue el sexo.

Exployada: Águila bicéfala con las alas totalmente extendidas y coronada. También se aplica a las aves que tienen dos cabezas.

Extrañas: Las armerías o escudos que no guardan las reglas del blasón.

F

Fabricado: Véase mazonado.

Faja: Pieza de honor. Ocupa la totalidad del centro del escudo en forma horizontal. Su ancho es de un tercio de la altura del escudo.

Fajado: Animal representado con una faja en su cintura de distinto esmalte al del resto del cuerpo.

Fajado: Escudo con varias fajas, de color y de metal, pares o impares.

Falcado: Pieza o mueble, generalmente la cruz, cuyos extremos terminan en forma de media luna.

Fallida: Pieza, generalmente el chevrón, donde una de las extremidades del compás que forma está quebrada o interrumpida.

Fiero: Animal que muestra sus dientes en actitud de fiereza. También se usa respecto de los peces cuyas aletas están esmaltadas de gules.

Figura: Todos los objetos que se colocan en el campo del escudo. Las figuras propiamente heráldicas reciben el nombre de piezas.

Figurado: Astro representado con cara humana.

Fijadas: Muebles, especialmente armas, terminados en punta y que se representan colocados con esta hacia la punta del escudo.

Filera: Pieza disminuida. Es igual que la bordura, disminuida a una tercera parte de su anchura. Viene a ser un doceavo del ancho del escudo.

Filete: Pieza disminuida. Es una banda estrecha. También se pone como el palo y en lugar de la orla, como un adorno que remata.

Fileteada: Pieza que tiene los bordes de distinto esmalte que ella.

Flamante: Pieza que está ondeante y terminada en punta.

Flambante: Pieza o mueble cuyos extremos terminan en forma de llamas.

Flameante: Dícese de los muebles que arrojan llamas.

Flámula: Gallardete muy corto que termina en punta.

Flanco diestro: Lado derecho del escudo, según su punto de vista, no del observador.

Flanco siniestro: Lado izquierdo del escudo, según su punto de vista, no del observador.

Flange: Pieza derivada. Faja que tiene de ancho la decimoctava parte del alto del escudo.

Flanqueado: Partición irregular y desigual. Es la división en tres partes por una líneas verticales y cuyas partes laterales son de un ancho de un quinto del escudo.

Flanquis: Pieza derivada. Aspa de un tercio del ancho de la normal; es decir, de un noveno del ancho del escudo.

Flanquistado: Triángulos que se colocan en los flancos del escudo, pero que no llegan a tocarse y dejan entre sus vértices una distancia de un tercio del ancho del escudo.

Flechada: Pieza o mueble cuyos extremos terminan en forma de punta de flecha.

Flechado: Partición irregular y desigual. El campo de una parte entra en el otro campo en forma de flecha. Se utiliza en los escudos partidos, cortados, tronchados y tajados.

Flor de lis: Figura que representa esquemáticamente la flor del lirio.

Florada: Pieza o mueble cuyo extremo termina en forma de flor.

Flordelisada: Pieza o mueble cuyo extremo termina en forma de flor de lis. Muy frecuente en las cruces.

Florenzada: Cruz florida, llamada también toscana.

Floreteada: Véase florada.

Florida: Plante que se representa llena de flores.

Flotante: Pez o embarcación que se coloca sobre ondas representando el agua.

Forros: Grupo de esmaltes. También se les conoce con el nombre de pieles.

Fortaleza: Se representa con foso.

Fosado: Castillo o torre, representado con foso.

Franco cuartel: Pieza de honor. Se coloca en el cantón diestro del jefe y es de un tamaño un poco menor que este. A veces es utilizado para situar una brisura con las armas de algún otro linaje importante relacionado con el propietario del escudo. También sirve para incluir las armas de alguna corporación a la que pertenece el dueño del escudo.

Franjado: Mueble esmaltado en franjas.

Franje: Repartición. Formado por el tronchado y el tajado. Se conoce también como cuartelado en aspa. Esta denominación de franje figura en los primitivos tratados de heráldica españoles.

Fratem: Muchacho vestido de fraile.

Frente: Figura humana que se representa en esta posición.

Fretada: Cruz formada por cotizas.

Fretado: Escudo resultante de cruzarse tres cotizas en banda y tres en barra, dejando ver el campo del escudo.

Fretes: Pieza derivada. Se dice de un enrejado formado por bandas y barras entrelazadas y muy estrechas, que dejan ver entre ellas el campo del escudo.

Frisada: Véase bretesada.

Frutado: Árbol o arbusto que se representa cargado de frutos, generalmente de distinto esmalte.

Fuego: Se representa por medio de llamas de oro y gules.

Fundíbulo: Máquina de madera para disparar piedras de gran tamaño.

Furioso: Toro o vaca representados en postura rampante.

Fusado: Sembrado de fusos. Se dice también fuselado.

Fuselado: Véase fusado.

Fuso: Pieza derivada, tienen forma de pequeños rombos, cuyo eje vertical es mayor que el horizontal, y se puede colocar en faja, palo, barra o banda.

Fustado: Árbol cuyas ramas son de distinto esmalte al del tronco. También se dice de la pica o de la lanza cuya punta es de distinto esmalte al del asta.

G

Gabesina: Lanza que se usaba en los torneos y justas.

Galeón: Bajel de vela de cuatro palos.

Galopante: Caballo que se representa en esta actitud, teniendo apoyada una sola pata.

Gallardete: Tira delgada y larga acabada en punta y generalmente de forma triangular.

Gamada: Véase esvástica.

Gemeladas. Véase inmeladas.

Gemelas: Pieza disminuida. Fajas, palos, bandas o barras de un ancho de la mitad del normal, que se colocan de dos en dos y con una separación igual a su anchura.

Gibelina: Nombre con el que se conoce a la almena que termina en punta.

Gironado: Véase jironado.

Globo: Véase mundo.

Goleta: Embarcación de dos palos estrecha y larga.

Gonela: Túnica de piel o de tela que se usaba encima de la armadura.

Gonzalón: Estandarte usado principalmente por los estados de la Iglesia, y que termina en puntas redondas por su parte inferior.

Gramalla: Cota de mallas con las mangas en punta.

Greba: Pieza de la armadura que cubre la pantorrilla.

Griega: Cruz de brazos iguales.

Grifado: Escudo sembrado de grifos.

Grifo: Animal fabuloso, mitad águila y mitad león. Generalmente se le dibuja rampante.

Grilletada: Rapaz que se representa con cascabeles en sus garras.

Gringolada: Cruz cuyos extremos terminan en cabeza de serpiente. Cualquier pieza que termine en cabeza de sierpe.

Gritado: Animal que se representa aprisionado en una red.

Guadaña: Se representa con mango, y su punta mirando al flanco diestro del escudo.

Guarnecida: Espada que se representa con distinto esmalte en la empuñadura que en la hoja. Sinónimo de encabada.

Guión: Pendón cuadrado y pequeño. Bandera alargada, partida en dos puntos y atada a una lanza.

Gules: Esmalte. Del grupo de los colores, corresponde al rojo. En dibujo lineal se representa por medio de líneas verticales.

H

Habillado: Barco cuyas velas se representan distintas las unas de las otras.

Hebilla: Se pinta de forma rectangular con una patilla y un clavillo.

Hebillado: Si las hebillas de un collar son de esmalte distinto.

Hendida: Cruz cuyos extremos tienen una o más hendiduras.

Hendiente: Guerrero que se representa con una espada levantada y preparada en actitud de herir, de arriba abajo.

Heráldica: Ciencia o arte del blasón.

Heraldo: Véase rey de armas.

Herradura: Se representa con siete clavos.

Hidra: Sierpe monstruosa que tiene siete cabezas, alas de murciélago y patas de águila. Se dibuja de perfil.

Hito: Mojón o poste de piedra.

Homenaje: Torre a la que se añade, en su parte superior, una torre más pequeña. La torre más alta de los castillos o torres.

Hopo: Cola de animal cuando se la dibuja sola y con mucho pelo.

Horadada: Pieza o mueble que se representa con agujeros; éstos, siempre de distinto esmalte.

Horquillada: Animal cuya cola es bífida, o sea, con dos terminaciones.

Hueco: Mueble, generalmente la cruz, cuyo

interior deja ver el campo del escudo.

Humo: Se representa siempre saliendo de llamas de gules y oro.

Huso: Véase huso.

I

Iglesia: Se representa con dos campanarios.

Imperial: Véase águila exployada.

Indio: Se representa con larga cabellera y sin nada en la cabeza.

Infamadas: Armas de un linaje que han sido mutiladas por castigo soberano a causa de un proceder indigno del titular de esas armas.

Inmeladas: Muebles dispuestos en gemelas.

Interpolada: Figura que aparece entre otras dos iguales.

Inversado: Escudo partido, cortado, tronchado o tajado que se compone de dos únicos esmaltes, repartidos por igual en el campo del escudo.

Irradiante: Todo figura que tenga rayos, potencias o círculos.

Isla: Se representa por una montaña circundada de ondas de azur y plata.

Isocetado: Escudo en que las puntas de los danteles están opuestas a las bases de los otros, y que los unos son de metal y los otras de color.

Izquierda (a la): Véase siniestrado.

J

Jabalina: Arma parecida al venablo, que se emplea para cazar.

Jaezado: Caballo ensillado y dispuesto para montar.

Jaleco: Jubón con mangas hasta los codos y abierto por delante.

Jano: Cabeza de hombre con dos rostros, uno mirando a la diestra y el otro a la siniestra.

Jaquel: Pieza derivada. Formada por la combinación alternada de cuadros de metal y color.

Jaquelado: Véase ajedrezado.

Jarra: Se representa con un asa.

Jarro: Se representa sin asas.

Jefe barra: Resulta de la unión del jefe con la barra.

Jefe cabrio: Resulta de la unión del jefe con el cabrio.

Jefe cosido: Aquel que tiene el mismo esmalte que el campo del escudo.

Jefe surmontado: Aquel cuyo tercio superior es de esmalte distinto al campo del escudo y jefe.

Jefe: Pieza fundamental o de honor. Ocupa la tercera parte superior del escudo. Representa la cabeza del guerrero.

Jenízaro: Especie de caballero árabe.

Jerusalén: Cruz potenzada que lleva cuatro cruces en sus cantones que, a su vez, pueden ser potenzadas o sencillas.

Jirón curvilíneo: Deja un escudo terciado al dividir su campo desde el ángulo superior izquierdo o derecho por una curva que, saliendo de este, termina en la punta del escudo o en el centro de sus flancos.

Jirón redondeado: División del escudo en tres o cuatro partes partiendo de los centros de los flancos, jefe o punta hasta el centro del escudo o hasta el centro de las partes contrarias.

Jirón: Pieza de honor. Tiene forma triangular y ocupa la octava parte del escudo. Su punta está en el abismo o centro del escudo, y los lados se colocan en las posiciones de partido o cortado, y el otro en tronchado o tajado.

Jironado: Partición irregular. Se dice cuando están representados los ocho jirones en el escudo, metal y color, uniéndose sus puntas en el abismo.

L

Lábaro: Estandarte con la cruz y monograma de Cristo.

Lago: Se representa de forma irregular y con ondas.

Lambel medieval: Como el lambel normal, pero tocando los flancos del escudo.

Lambel: Pieza de honor. Se representa por una faja

del doceavo del ancho del escudo. Tiene tres golgantes repartidos equidistantemente al ancho y de un largo de dos doceavos. Se sitúa en el jefe a un doceavo de la línea del borde superior. En principio consistía en una cinta como corbata.

Lambelado: Escudo que tiene lambel.

Lambrequines sembrados: Son aquellos que llevan flores de lis o armiños.

Lambrequines: Adorno externo del escudo, formado generalmente por hojas de acanto, que partiendo del yelmo rodea el escudo. Tiene que tener los mismo esmaltes que compongan el blasón.

Lampasado: Animal cuya lengua es de distinto esmalte al del cuerpo.

Latina: Cruz dividida por el travesaño en partes desiguales, de modo que el brazo inferior es más largo que los otros.

Laureada: Cruz formada por cuatro espadas con las puntas hacia afuera y una corona de laurel.

Lechuza: Se representa terciada con la cabeza de frente. Se diferencia del búho por apoyarse en una sola pata.

Lema: Véase divisa.

León: Se le pinta con las manos levantadas: la diestra alta, la siniestra algo más baja; cabeza de perfil, boca abierta, lengua fuera, mostrando las garras y con la borla de la cola hacia adentro. Salvo que se especifique otra, su posición habitual es la de rampante.

Leonado: Leopardo que, representado en postura pasante, muestra su cabeza de frente.

Leoncillos: Leones pequeños cuyo número pasa de cuatro y no excede de dieciséis en el campo del escudo.

Leopardado: León que, representado en postura pasante, muestra su cabeza de frente. Por extensión se aplica a esta circunstancia en otras postural.

Leopardo: Se le representa pasante con la cabeza de frente, mostrando los ojos y caída la borla de la cola hacia afuera.

Letra: Véase divisa.

Levadizo: Castillo o torre, representado con un puente levadizo.

Levantado: Oso cuando se representa sobre sus dos patas traseras.

Liado: Muebla atado con cintas o cordeles.

Liebre: Se representa corriendo o encogida.

Ligado: Véase liado.

Línea: Véase filete.

Linguado: Animal cuya lengua tiene distinto esmalte que el del cuerpo.

Lisa: Sin figuras.

Lisonja: Véase losange.

Lobo: Generalmente se le dibuja pasante o corriendo. Cuando figura en la posición de rampante, se llama revisante. También se le representa desollado, pintándose entonces de gules.

Loriga: Armadura formada por láminas.

Lorrado: Se dice de los peces cuyas aletas muestran distinto esmalte al del resto del cuerpo.

Losange: Pieza derivada. Se representa por un rombo. Se pone en banda, faja, barra o palo. Se diferencia del fuso en que este es más largo.

Losanjado: Escudo lleno de losanges igual que el ajedrezado.

Lucera: Claraboya de los edificios.

Lucero: Figura astral representada con solo cuatro destellos o puntas que se alargan exageradamente.

Lucifer: Sinónimo de Diablo.

Lumbre: Sinónimo de fuego.

Luna: Si es llena, se la pinta con cara humana. La más habitual es creciente.

Lunel: Disposición de cuatro crecientes unidos por sus puntas, formando una especie de figura circular.

LL

Llama: Véase fuego.

Llave: Se representa con guardas caladas formando generalmente una cruz.

Lleno: Campo del escudo que no lleva pieza ni mueble alguno, mostrando en su totalidad su esmalte.

M

Maclado: Escudo sembrado de macles.

Macle: Pieza derivada. Tiene forma de rombo pequeño que lleva en el centro otro rombo que deja ver el campo del escudo.

Madeja: Se representa en forma de ocho horizontal.

Majuelo: Sinónimo de viña.

Mal ordenadas: Antónimo de bien ordenadas. Hace referencia al supuesto en que, contraviniendo las normas heráldicas, los muebles se colocan uno en jefe y dos en punta.

Malla: Pequeño losange que se coloca en el interior de otro losange mayor.

Mallado: Igual que maclado, pero con mallas.

Malta: Cruz formada por un corte diagonal en cada uno de sus ángulos, hendida en sus brazos.

Mamposteado: Véase mazonado.

Mano: Se representa abierta, enseñando la palma.

Manopla: Pieza de la armadura que guarnece la mano.

Mantel: Tercera parte del escudo mantelado.

Mantelado: Partición irregular para unos, pieza para otros. Se forma con dos líneas, rectas o curvas, que saliendo del punto central de la línea superior del jefe, rematan en los ángulos inferiores del rectángulo en que está inscrito el escudo. El campo es el de abajo, que se dice primero; tiene la base en la línea o curva final de la punta y el vértice en el jefe. El mantel son los triángulos restantes con la base en la línea superior del jefe.

Mantelado: También se aplica al animal que lleva

puesto en el cuello un mantelete o mantillo de distinto esmalte al resto del cuerpo.

Mantelado en curva: Partición del escudo formado por dos líneas curvas que, partiendo del centro de la línea superior del jefe, terminan en los ángulos inferiores del escudo.

Mantelado en jefe: Partición irregular. Formado por dos líneas que, partiendo del centro del escudo, suben hasta los dos ángulos superiores de este.

Mantelado en punta: Escudo formado por dos líneas que, partiendo del centro del escudo, bajan hasta los dos ángulos inferiores del rectángulo en que está inscrito este.

Mantelete: Manto puesto en el yelmo y que cae sobre la espalda. Adorno que se coloca como ornamento exterior del escudo a modo de lambrequines.

Manto: Se pinta escarlata, forrado de armiños, y baja desde la corona que lo remata, anudándose, por lo general, con cordones de borlas que forman sendos bullones a ambos lados de la corona, y un poco más bajos que esta y separados de ella.

Mar: Se representa por ondas de azur y plata.

Marcado: Dado con los puntos de diferente esmalte que el de este.

Marchando: Animal al cual se le representa en movimiento, como si estuviese andando.

Marino: Animal que termina en cola de pez.

Mariposa: Se representa volando.

Mariposado: Véase papelonado.

Martillo: Se representa con el golpe a la diestra y el mango en palo, mirando a la punta.

Masacre: Mueble formado por el cráneo del ciervo con su cornamenta; por extensión, también a otros animales con cuerna.

Mascarado: León que lleva una máscara.

Matizado: Se aplica a los insectos tintados con un esmalte que no es el suyo natural.

Mazonado: Castillo o torre en que se representa las separaciones de las piedras.

Medio cortado y partido: Partición irregular. Es igual que el escudo partido cuyo cuartel diestro está a su vez cortado.

Medio partido: Se forma por la unión de la mitad de dos escudos, de dos armerías diferentes, figurando en cada cuartel la mitad de la pieza de cada una de ellas.

Medio partido y cortado: Partición irregular. Escudo cortado cuyo cuartel superior está, a su vez, partido.

Medio vuelo: Las aves o figuras aladas cuando solo se las pinta con un ala.

Melusina: Sirena sentada sobre una cuba.

Membrada: Ave cuyas patas tienen distinto esmalte al del resto del cuerpo.

Memorias: Véase anillo.

Menguante: Media luna cuyas puntas miran hacia la punta del escudo. También se emplea la denominación ranversada.

Mentonera: Parte de la armadura que cubre el mentón y parte del pecho.

Merleta: Ave pequeña que se representa sin pico, sin patas y con las alas plegadas.

Metales: Grupo de esmaltes. Son dos: el oro y la plata.

Minotauro: Se le representa pasante, la mitad superior de hombre y la inferior de toro.

Mirallado: Se dice del brillo de las alas de los insectos.

Mitra: Toca alta y terminada en punta con que se representa la dignidad de arzobispo, obispo y abades mitrados.

Mojón: Se representa por un cilindro o cono trincado.

Moleta: Figura de estrella con un círculo en su interior.

Molino: Se representa como una torre circular, cubierta con cuatro aspas.

Monstruoso: Animal que tiene cara humana. Referido al león, se entiende el que se representa con cara humana de plata, sombrero de gules y sujetando un cayado de oro en su garra de la mano derecha.

Montante: Se aplica a los crecientes cuyas puntas miran hacia el jefe. También se dice de las abejas y mariposas que se sitúan en esta parte del escudo.

Monte: Se representa con uno o varios triángulos irregulares de ángulos y lados.

Montesa: Cruz de brazos iguales de gules, superpuestos a una cruz mayor flordelisada de sable.

Mordiente: Animal cuadrúpedo que se representa con la cola en la boca, como mordiéndosela.

Mornado: León representado sin garras, ni lengua, ni dientes.

Morrión: Armadura defensiva de la cabeza.

Mortero: Se representa con cañón corto y boca ancha.

Mosqueado: Escudo sembrado de mosquillas o armiños.

Mosquilla: Sinónimo de armiño.

Moviente: pieza o mueble que sale de cualquiera de los ángulos o flancos, de jefe y de punta, como si estuvieran pegados a tales sitios, en dirección al centro.

Moznado: León que no tiene dientes, lengua ni garras.

Mundo: Se representa por medio de una bola coronada de una cruz.

Muralla: Se representa entre dos torres, con o sin atalayas o garitas.

N

Naciente: Animal cuya cabeza, cuello y patas aparecen saliendo de otra pieza o mueble.

Nadando: Pez representado en esta posición en el campo

del escudo. También se dice nadante.

Nadante: Véase nadando.

Natural: Figura que va con los colores que le pertenecen por naturaleza.

Naufragio: Se representa con mar agitado y viéndose la popa de la nace hundiéndose.

Navío: Bajel con tres palos y tres cubiertas, al que se le deben ver los cañones.

Nebulada: Línea divisoria de los cuarteles que se representa ondulada, o de los bordes de las piezas que adoptan esta forma.

Negrillo: Olmo.

Nervado: Nervios de las hojas representados de distinto esmalte al de estas.

Nimbo: Círculo que rodea la cabeza de los santos, y que en ocasiones se ve colocado en la cabeza del águila.

Nobiliario: Véase armorial.

Nube: Se representa en forma irregular y es preciso especificar la posición.

Nudada: Cola del león cuando esta tiene su borlón con distinto esmalte.

Nudado: Representación de los muebles con nudos.

Nurido: Árbol o plante representado sin raíces.

O

Ocho puntas: Cruz griega, cuyos brazos terminan en dos ángulos.

Ojo: Se representa elíptico con pupila y retina.

Ombligo: Punto central de la línea que separa el centro del escudo con la punta.

Ondada: Pieza o mueble cuyos bordes están ondulados.

Ondeada: Véase ondada.

Onza: Felino de tamaño pequeño.

Opuesto: Véase adosado.

Orantes: Manos juntas en actitud de orar.

Ordenado: Se dice del escudo en el que, para su formación, se han tenido en cuenta las reglas heráldicas.

Órdenes: Número de piezas o de muebles iguales, que se repiten alternativamente de metal y color.

Orejado: Delfín cuyas orejas son de distinto esmalte al del cuerpo.

Oriflama: Insignia parecida al estandarte.

Orla: Pieza fundamental o de honor. Igual que la bordura, pero de la mitad de su anchura. Viene a tener un ancho del doceavo que tiene el del escudo. Se dibuja dentro del escudo y separada de sus bordes otro tanto como su ancho.

Oro: Esmalte del grupo de los metales. Se representa por el color amarillo o, en dibujo lineal, por multitud de puntos.

Oso: Se le representa pasante, levantado o rampante.

Orpasado: Véase aclarado.

Orza: Vasija sin asas.

Oveja: Se representa pasante y paciendo.

P

Paciendo: Se dice de los animales herbívoros representados con la cabeza baja y cerca del suelo, como en actitud de pacer.

Pal: Véase palo.

Palacio: Se representa con puerta, dos ventanas y tres balcones.

Palado: Escudo o pieza cargado de palos de metal y color. Hasta seis es palado y no es preciso especificarlo. Pasando de seis y hasta diez, es preciso indicarlo.

Palio: Dosel colocado sobre cuatro varas largas.

Palizadas: Piezas en forma de palos agudos, encajadas entre sí o terminadas en ángulos.

Palma: Se representa por un tallo con grandes hojas.

Palmada: Véase apalmada.

Palo: Pieza fundamental o de honor. Ocupa el tercio central del escudo, verticalmente. Su ancho es de un tercio de la anchura del campo. Va del borde superior del jefe al inferior de la punta. Representa la lanza.

Palo cargado: Palo de color cargado de otro disminuido de metal.

Palo sobrecargado: Palo de metal cargado de otro disminuido de color.

Paloma: Se suele representar volando.

Palón: Bandera un cuarto más larga que ancha terminada en cuatro puntas circulares.

Pallada: Como diapresada, pero a diferencia de esta, es sobre una pieza y en lugar de hacer dibujos vegetales se expresan formas de otras piezas.

Panela: Se dice del paño pequeño.

Panela: La hoja de álamo puesta como mueble en forma de corazón.

Panelado: Escudo sembrado de panelas.

Pantera: Se la representa pasante.

Papal: Cruz con tres travesaños, el central más largo.

Papelón: Pieza derivada, poco usada en las armerías españolas. Consiste en colocar círculos pequeños, muy juntos unos de otros (superpuestos), del grueso de un filete, en faja, y consecutivamente una faja debajo de otra.

Papelonado: Escudo ornado de varias filas superpuestas a modo de las escamas de los peces, de medios aros delgados que dejan ver entre unos y otros el color del fondo.

Parado: Animal en posición quieta y cuyas patas están todas apoyadas. Es sinónimo de arrestado.

Pareadas: Dos muebles iguales colocados juntos.

Parlantes: Son las armas representadas por una figura que interpreta gráficamente el apellido.

Partesa: Lanza de hoja ancha.

Partición: Son las divisiones del campo del escudo por una sola línea. Las áreas resultantes se llaman cuarteles y se emplean para representar las alianzas con otros linajes.

Particiones irregulares del escudo son: cortinado, mantelado, calzado, embrazado, contraembrazado, encajado, enclavado o endentado, adiestrado, siniestrado y flechado. Particiones regulares del escudo son: partido, cortado, tronchado, tajado, terciado, cuartelado en cruz, cuartelado en sotuer y jironado.

Partido y partición: es la división del campo del escudo en dos partes iguales por una línea vertical que pasa por su centro.

Partido y medio cortado: partición irregular; el campo resultante después de un escudo partido, en su parte siniestra, se corta por una línea horizontal en su medio.

Partido y partido: partición irregular. Cuando al escudo partido se le parte, a su vez, el segundo cuartel.

Pasada: pieza o mueble que se mete en la superficie de otra pieza o mueble, respectivamente.

Pasante: Animal representado en actitud de andar. Se presume siempre de perfil mirando a la diestra.

Pasante en aspa: Dos piezas o muebles que se colocan cruzados formando un aspa.

Pasmado: Pez representado con la boca abierta, sin lengua ni barbas ni aletas. También, águila representada de frente y con las alas recogidas.

Paté: Cruz que tiene ensanchados sus extremos. Cuatro de estas cruces formando una corona es el atributo de los reyes de armas.

Pavés: Escudo que tiene el suficiente tamaño para cubrir casi la totalidad del cuerpo, y que tiene una muesca en la embrazadura.

Pegaso: Caballo alado.

Peleando: Gallo representado en actitud de pelea, con las plumas erizadas, las patas al aire y las alas ahuecadas.

Pendientes: Piezas colgantes de los lambeles.

Pendón: Insignia parecida a la bandera, un tercio más larga que ésta y redonda por el extremo.

Pentalfa: Figura que se representa por una línea continua formando cinco ángulos.

Perchada: Ave posada en una percha o en la rama de un árbol.

Peregrino: Se le representa con capa, concha y cayado.

Perfil: Véase filete.

Perfilado: Pieza o mueble cuyo borde aparece con un fino trazo de otro esmalte.

Perforada: Pieza que deja ver el campo a través de ella.

Perla: Pieza de honor. Se representa como una "Y" griega. Sus brazos superiores tocan los ángulos del escudo correspondientes al jefe y el brazo inferior baja al centro de la punta. Su ancho suele ser un tercio del ancho que tiene el escudo.

Pica: Lanza larga que termina en un hierro pequeño y agudo.

Picada: Ave que presenta su pico de distinto esmalte al del cuerpo.

Pie: Se representa de perfil.

Piedad: Pelícano que abre su pecho para alimentar con su sangre a sus hijos.

Pieles: Véase forros.

Pierna: Se pinta desnuda y compuesta de muslo y pie.

Piezas: Toda figura heráldica que se coloca en el campo del escudo, ocupando una parte de su área. Tienen dimensiones concretas y determinadas, y su posición está reglamentada, sin representar figuras naturales, artificiales o quiméricas. Generalmente, salvo excepciones, tocan el borde del escudo, y si el campo es metal, tienen que ser de color y viceversa. Se clasifican en: piezas fundamentales, de honor, disminuidas y derivadas.

Pífano: Flauta.

Pila: Pieza en forma de triángulo cuya base está en el jefe y es dos tercios su anchura, y cuyo vértice está casi en la punta del escudo.

Pino: Se representa con tronco elevado y recto, dejando que entre sus ramas se vea el campo del escudo.

Pinzón: Ave que se representa en forma de merleta.

Piñonado: Muebla que se representa haciendo gradas o escalones.

Pira: Se forma con un triángulo cuya base parte de la punta del escudo, siendo de un tercio a dos quintos de su anchura, y cuyo vértice llega hasta un quinto del borde superior del escudo.

Pira invertida o ranversada: Se trata de un triángulo cuya base se sitúa en el borde superior del jefe, con un ancho de dos tercios de la anchura del escudo. El vértice baja por el centro del escudo hasta un quinto del contorno inferior en la punta.

Pisana: Cruz cuyos extremos terminan en punta de lanza.

Pisón: Figura heráldica de forma ovalada y alargada, con dos argollas.

Planeta: Se representa como una bola con anillo.

Plata: Esmalte del grupo de los metales. Se representa por el blanco y, en dibujo lineal, dejando el escudo o figura sin rellenar.

Plegada: Ave con las alas recogidas.

Pleno: Se dice del campo del escudo o bordura que no tiene piezas ni muebles.

Plica: Figura que representa una carta o sobre.

Plumado: Escudo sembrado de plumas.

Plumas: Piezas derivadas. Se representan imitando las plumas y se colocan unas al lado de otras, alternando metal con color.

Polaina: Se representa cubriendo desde el tobillo a la rodilla.

Pomada: Véase pometada.

Pometada: Cruz cuyos extremos terminan en una bola.

Poner: Se usa para indicar la posición en que se representan los muebles. No debe confundirse con el verbo colocar, relativo a la forma en que se representan posicionados los muebles.

Porta: Abertura que se ve en los costados de los buques para el empleo de la artillería. Potencia: Cruz en forma de "T".

Potenzada: Pieza o mueble cuyos extremos aparecen con un refuerzo de mayor grosor.

Posada: Ave en esa postura, con las alas recogidas y ambas patas apoyadas. También se aplica al reptil que, cuando se representa, tiene sus patas posadas y apoyadas.

Pozo: Se representa cilíndrico, con arco para poner la polea, cadena y cubo.

Prado: Se le representa con flores.

Puente: Se representa mazonado y con al menos un ojo.

Puente defendido: El que se pinta con una o varias torres.

Punta: Se forma con un triángulo cuya base parte de la punta del escudo, siendo de un tercio a dos quintos de su anchura, y cuyo vértice llega hasta un quinto del borde superior del escudo.

Punta del escudo: Tercio inferior de la superficie del escudo.

Punta fija: Cruz cuyo pie está afilado.

Punta de honor: Situado en el centro de la línea que divide el jefe del centro. Llamado también corazón.

Puño: Se representa cerrado.

Puro: Escudo de un solo esmalte.

Púrpura: Esmalte perteneciente al grupo de los colores. Se representa por el morado y, en dibujo lineal, por líneas diagonales del ángulo superior izquierdo al inferior derecho. Este esmalte es empleado con frecuencia tanto como color como metal.

Q

Querubín: Se representa con una cara de niño y dos alas.

Quijote: Pieza del arnés que cubre el muslo.

Quilla: Esqueleto de un barco.

Quimera: Se representa con tres cabezas y pecho de doncella, garras delanteras de león, traseras de grifo, la parte inferior del cuerpo de cabra y cola de serpiente enroscada en su extremo.

Quinas: Composición de cinco escudos de azur puestos en cruz, cargados con cinco dineros de oro puestos en aspa (son las armas de Portugal).

Quinquefolio: Figura que asemeja una flor de cinco hojas.

R

Racimo: Se representa con tallo y hojas.

Radiadas: Coronas antiguas compuestas de radios.

Radiante: Se dice del mueble que irradia.

Raíz: Cuando se dejan ver, en árboles o arbustos. Es preciso especificarlo.

Rajado: Flor o fruto que deja ver su interior.

Ramado: Se aplica a los ciervos o gamos en alusión a su cuerna. Debe indicarse el número de puntas.

Rampante: Animal cuadrúpedo, generalmente el león, que se representa erguido sobre sus patas y apoyando solo una de ellas. Las manos levantadas, la diestra alta y la siniestra un poco más baja, la cabeza y cuerpo de perfil, la boca abierta y la lengua fuera, mostrando las garras, la cola levantada con el borlón hacia adentro.

Ranversado: Menguante colocado con sus puntas hacia la punta del escudo.

Rapiñante: Ave que tiene una presa en sus garras.

Rastrillado: Castillo o torre cuya puerta se representa con la reja que la cierra.

Dicha reja está rematada en su parte inferior por puntas.

Ravisante: Lobo en posición rampante y con el rabo elevado.

Rayo: Se representa por una línea en zigzag. Es sinónimo de relámpago.

Recortada: Pieza cuyos extremos no tocan el borde del escudo.

Recrucetada: Cruz cuyos brazos terminan, a su vez, en otra cruz.

Redondeado: Mueble que es redondo o tiene forma redondeada.

Rejilla: Armazón de barras de hierro que llevan en la visera los yelmos.

Relámpago: Se representa por una línea en zigzag. Es sinónimo de rayo.

Relevado: Se dice de los muebles esmaltados con sus relieves, dando la impresión de estar precisamente en relieve en el escudo.

Relevar: Esmaltar un mueble con relieve.

Reparticiones: Son las subdivisiones que se dan en los cuarteles del escudo. La heráldica moderna solo admite dos: cuartelado en cruz, formada por el partido y el cortado y cuartelado en aspa, resultado de la suma del tronchado y del tajado (a este también se le denomina "cuartelado en *sotuer*").

Repostero: Tapiz en donde se bordan, cosen o pegan las armas de una corporación, linaje, etc.

Resaltada: Pieza o mueble que se coloca sobre una pieza u otro mueble sin quedar dentro, es decir, excediendo su contorno.

Resarcetada: Se dice de las piezas que tienen un filete por sus bordes, menos por la parte en que la pieza toca precisamente a los bordes del escudo.

Retirada: Pieza que solamente deja ver por los bordes del escudo, saliente, una parte de ella.

Rey: Se representa con manto y corona, de pie o sentado.

Rey de armas: Persona que tiene el cargo u oficio

de conocer y ordenar los blasones de los linajes.

Rígido: Pez representado en forma de palo.

Ristre: Hierro que lleva el peto de la armadura para apoyo de la lanza.

Rodela: Escudo pequeño, redondo u ovalado.

Roel: Pieza derivada, de forma redonda y plana. Es siempre de color.

Roel bezante: Es el roel partido, cortado, tronchado o tajado. Mitad de metal y mitad de color.

Roelado: Escudo que lleva roeles en número superior a nueve.

Roque: Figura del ajedrez correspondiente a la torre.

Roquete: Figura triangular que se coloca generalmente en su posición natural.

Rosa: Se representa de frente con multitud de pétalos.

Rosa sostenida: La que tiene tallo y hojas de diferente esmalte que es resto.

Rosario: Se representa en forma ovalada, con la cruz en punta.

Roseta: Figura en forma de estrella con, al menos, cinco puntas, que aparece perforada circularmente en su centro.

Ruante: Pavo representado con la cola extendida.

Rueda: Se representa en forma circular y con radios.

Rustrado: Escudo sembrado de rustros.

Rustro: Pieza derivada. Pieza en forma de rombo que en el centro tiene una abertura circular que deja ver el campo del escudo.

S

Sable: Esmalte del grupo de los colores. Se representa por el negro y, en dibujo lineal, por líneas verticales y horizontales, que se cruzan.

Sable: Especie de espada que se representa curvo.

Sagitario: Centauro que se representa en actitud de disparar un arco.

Salamandra: Se representa con cola larga, manchas en la piel y en medio de llamas.

Saliendo: Figura humana que sale de la boca de un animal. También se aplica al animal que descubre medio cuerpo saliendo por una puerta, al que deja ver la cabeza, medio cuello, garra diestra y cola, así como al ave que deja ver cabeza, cuello y puntas de las alas. Se dice también saliente.

Saliente: Véase naciente y saliendo.

Saltante: Carnero en postura rampante. Por extensión se aplica también a otros animales.

Sambuca: Máquina de guerra para el asalto de fortalezas.

Sandalia: Se representa por una suela con dos correas cruzadas.

Santiago: Cruz de gules, con el brazo inferior en forma de hoja de espada, saliendo el superior de una panela, y siendo los laterales flordelisados.

Santo Espíritu: Cruz igual a la de Lorena, con las terminaciones hendidas.

Santuario: Se representa sobre un monte con iglesia y campanario.

Sauce: Se le representa con tronco derecho y con muchas ramas y ramillas.

Seante: Se dice cuando se colocan las piezas derivadas como un sembrado cubriendo el campo del escudo.

Sembrado: Se dice del campo que contiene al menos diez muebles iguales y que se reparten por todo el campo formando filas y columnas. Para su correcta representación, en los bordes del campo debe mostrarse solamente la mitad del mueble.

Sentado: Animal cuadrúpedo que se representa sentado sobre sus cuartos traseros.

Sepulcro: Se representa por una construcción rectangular con una cruz.

Serpiente: Se la representa nudada, ondeada y en círculo, mordiéndose la cola.

Sierpe: Nombre que se da en heráldica a los reptiles ofidios.

Sierra: Se representa por un bastidor que tiene una línea horizontal en su mitad y una cruceta.

Siglado: Se dice del escudo que lleva letras.

Silla: Aparejo para montar a caballo. Se la representa con estribos colgantes.

Sillado: Caballo representado en su ensilladura.

Siniestra: Lado izquierdo del escudo, pieza o mueble.

Siniestrada: Mueble o pieza que lleva otro a su siniestra.

Siniestrado: Partición irregular y desigual. Es la división en dos partes irregulares por una línea paralela al borde siniestro y a una distancia de una quinta parte de la anchura del escudo.

Sinople: Esmalte del grupo de los colores. Se representa por el verde y, en dibujo lineal, por líneas oblicuas del ángulo superior diestro al inferior siniestro.

Sirena: Figura quimérica con cuerpo de mujer y cola de pez. Se la pinta con un espejo con mango en la mano diestra, y un peine en la siniestra. Puede tener dos colas y estar de frente, de perfil y sin brazos.

Sobre el todo: Referido al escusón que se coloca en el centro del escudo, sobre los cuarteles existentes.

Sobre el todo del todo: Se dice del escudete pequeño que se coloca sobre el escusón.

Sol: Se representa por un círculo que lleva ojos, nariz y boca, rodeado de dieciséis rayos, ocho rectos y ocho ondulados.

Sombreada: Se aplica al mueble que lleva sombras.

Soportes: Figuras de animales reales o quiméricos que se ponen a los lados o detrás del escudo, apoyándose éste en sus garras.

Sostenida: Mueble que lleva otro debajo unido a él. Se dice también de la flor representada con su tallo y hojas.

Sotuer: Véase aspa.

Sumado: Mueble que, en su parte superior, tiene otro unido a él.

Superado: Véase surmontado.

Surmontado: Mueble que, en su parte superior, tiene otro por encima de él, pero sin tocarse.

T

Tachón: Clavo central en el escudo, muy saliente, que servía de sujeción a la bloca.

Taf: Véase tau.

Tajado: Partición. Formada por una línea que divide el campo en dos cuarteles, desde el ángulo superior siniestro al ángulo inferior diestro del rectángulo en que está inscrito el escudo.

Tallada: Se dice de las plantas y flores representadas con su tallo.

Tambor: Se representa por un cilindro con bases generalmente de diferente esmalte.

Tau: Cruz formada por una traviesa horizontal, de cuyo centro sale hacia abajo otra perpendicular más larga, semejante a una "T".

Tárida: Embarcación ancha cuyo destino principal era el transporte de máquinas de guerra.

Tarja: Escudo grande, en diferentes formas, que protegía todo el cuerpo.

Tartana: Embarcación menor, de vela latina y un solo palo. También es un carruaje de dos ruedas con asientos laterales.

Tau: Signo en forma de "T", que tiene el significado de "elegido de Dios".

Tenantes: Figuras humanas o de ángeles que, puestas detrás o a los lados del escudo, lo sostienen.

Tenaza: Pieza disminuida. El cabrio disminuido a un tercio de su anchura normal.

Tendido: Animal tumbado en el suelo.

Terciado: Partición irregular. Divide el campo del escudo en tres partes iguales.

Terciado en banda: Partición del escudo en tres cuarteles por dos líneas que parten del ángulo superior diestro al inferior siniestro del rectángulo en que se inscribe el escudo.

Terciado en barra: Partición del escudo en tres cuarteles por dos líneas que parten del ángulo superior siniestro al inferior diestro del rectángulo en que se inscribe el escudo.

Terciado en faja: Partición del escudo en tres cuarteles iguales por dos líneas que, partiendo del flanco diestro, van al siniestro, horizontalmente.

Terciado en palo: Partición del escudo en tres cuarteles iguales por dos líneas que, partiendo del borde superior del jefe, van hasta la parte inferior de la punta, verticalmente.

Tercias: Fajas de un sexto de su ancho normal que se ponen repetidas veces, con una separación entre ellas igual a su anchura. Se pueden colocar también en palo, banda o barra.

Terrasado: Véase terrazado.

Terraza: Montículo, generalmente irregular, que se representa en la punta del escudo y sobre el que se acostumbra colocar plantados árboles y plantas; también suele colocarse animales.

Terrazado: Mueble colocado sobre la terraza. Se dice también terrasado.

Testuz: El frente de los animales que tienen cuernos.

Tiara: Mitra alta rodeada de tres coronas y cimada de un globo de oro con una cruz. Es propia de los Papas.

Tienda de campaña: Se suele representar cuadrada, con cubierta inclinada y puerta.

Tigre: Se le representa pasante, con las cuatro patas en el suelo.

Timbrado: Escudo en cuya parte exterior superior lleva una corona, yelmo, etc.

Timbre: Todo adorno exterior y superior del escudo.

Timón: Se representa por un palo y un tablón más ancho en su parte inferior. La rueda de timón se representa redonda y radiada interior y exteriormente.

Toisón: Adorno exterior del escudo. Se limita exclusivamente al collar de la orden del Toisón de Oro.

Tonante: Se dice del escudo en cuyo campo tiene representadas llamas y humo.

Topetada: Animal representado en acción de topas. Habitualmente la cabra o el carnero.

Tornado: Creciente cuyas puntas miran a la diestra.

Toro: Se representa pasante. En caso contrario debe indicarse.

Torre: Se representa sin torrecilla alguna.

Torreón: Torre recta, sin formar cuervas.

Tortillada: Cabeza de un moro tocada con una cinta en su frente.

Tortillado: Véase roelado.

Tortillante: Serpiente con la cola ondulada.

Tortillo: Véase roel.

Toscana: Véase florenzada.

Trabado: Animal que tiene una traba entre sus patas.

Tragante: Véase dragante.

Traílla: Instrumento agrícola para allanar un terreno.

Trangle: Pieza disminuida. Es como una faja, pero del sexto de su ancho normal.

Traversa: Véase travesa.

Travesa: Pieza disminuida. Es de la mitad del ancho del bastón, colocado en barra. Algunos tratadistas sostienen que significa bastardía.

Trazada: Pieza o mueble que no está totalmente dibujado, y que sus líneas dan solo idea del dibujo.

Trebolada: Cruz cuyos extremos terminan en forma de trébol.

Tréchor: Pieza fundamental o de honor. Se trata de una orla estrecha que se pone dentro del escudo. Su ancho es la mitad de la orla.

Tres, dos y una: Muebles iguales en número de seis, que se colocan tres en jefe, dos en centro y uno en punta.

Triángulo: Se representa equilátero.

Tricúspide: Cruz paté cuyos extremos acaban en dos semicírculos unidos por uno de sus extremos.

Tridente: Cetro en forma de fisga, que es el símbolo de Neptuno.

Trifolio: Hoja heráldica compuesta de tres partes.

Trillo: Véase Traílla.

Triqueta: Figura compuesta por tres piernas dobladas y unidas por su extremo superior.

Trompeta: Tubo largo que ensancha desde la boquilla al pabellón y que lleva cintas.

Tronchado: Partición. Formado por una línea que divide el campo del escudo en dos cuarteles. Va desde el ángulo superior diestro al ángulo inferior siniestro del rectángulo en que está inscrito el escudo.

Tronera: Abertura de las fortalezas.

Trotante: Caballo que se representa con el pie y la mano contrapuesta en alto.

Trujal: Molino de exprimir aceitunas.

Trujillo: Especie de trigo que tiene las aristas negras.

Truncada: Cruz formada por rectángulos o cuadrados separados entre sí.

U

Unicornio: Animal fabuloso con figura de caballo y un cuerno recto en su frente. Se representa pasante y saltante.

Uno sobre el otro: Muebles iguales que se representan, sin tocarse, unos sobre otros con cierta distancia entre ellos.

Uñado: Animal cuadrúpedo cuyas pezuñas aparecen de

distinto esmalte al del resto del cuerpo.

Uva: Se representa siempre en racimos.

V

Vaca: Se representa siempre pasante.

Vacía: Pieza que presenta huecos por los que deja ver el campo del escudo. En referencia a los muebles con esta cualidad, se dice hueco.

Vacía (cruz): Es la cruz fileteada que deja ver en su centro el campo del escudo.

Vaina: Funda de la espada.

Valija: Bolsa de cuero con asa.

Valona: Cuello grande y vuelto sobre la espalda y hombros.

Valle: Se representa entre dos montañas.

Vara: Pieza disminuida. Es un palo disminuido a su mitad según unos tratadistas, y a un tercio según otros.

Veleta: Se pone en algunos campanarios y se representa en forma de saeta.

Venablo: Sinónimo de flecha.

Venado: Véase nervado.

Venera: Se llama así a la concha de Santiago o de peregrino. Corresponde al molusco llamado vieira.

Véneto: León pasante, alado y generalmente de oro.

Verados: Igual a los veros, pero esmaltado de metal oro y un color.

Verados en ondas: Igual que los veros en ondas, pero de un metal y un color que no sean ni plata ni azur.

Verados en punta: Igual que los veros en punta, pero de un metal y un color que no sean ni plata ni azur.

Vergueta: Véase vara.

Vergueteado: Escudo que lleva diez palos de metal y color.

Vero: Esmalte perteneciente al grupo de los forros. Especie de campanas, unas de plata y otras de azur, siempre de estos esmaltes, que se repiten alternados.

Veros en ondas: Igual que los veros, pero haciendo ondas.

Veros en punta: Igual que los veros y de los mismos esmaltes, pero las campanas que los forman se colocan así: la punta de una del mismo metal con la base de otra también del mismo metal.

Vestida: Figura humana, o parte del cuerpo humano, que se representa vestida.

Vestido: Escudo cuyo campo está cubierto por una pieza que deja una abertura en forma de rombo o de elipse que llega hasta los bordes del escudo. Se dice primero el campo del escudo, y después el rombo o elipse que lo viste.

Víbora: Se la representa mordiéndose la cola, ondeada o nudada.

Vibrada: Pieza que se representa en forma de ondas cuadradas o de gradas.

Vibrada: Sierpe que se representa ondulante.

Vid: Se representa con tronco retorcido, vástagos largos, hojas y racimos.

Vigilancia: Se dice cuando se representa a la grulla con una piedra en su garra.

Vilenado: León cuyo sexo es de esmalte distinto al del cuerpo.

Villa: Se suele representar con casas puestas a continuación y en tres o cuatro órdenes, a manera de fajas.

Violín: Se representa con caja de madera ovalada, dos aberturas en forma de "S" y mástil con clavijas.

Virol: Véase Filete.

Virolado: Corneta o trompeta representada con una anilla o hebilla.

Volando: Ave representada en vuelo.

Volcán: Monte de cuya cima salen llamas.

Vuelo: Las dos alas de las aves o piezas aladas.

Vuelto: Véase contornado.

Y

Yelmo: Véase casco.

Yugo: Instrumento que tiene dos semicírculos; en ocasiones va acompañado de correas o cordones.

Yunque: Pieza de hierro que, encajada en un tajo de madera, sirve para trabajar los metales.

Z

Zapato: Se representa alto y abierto.

Zarpa: Cuando se representa solamente la mano de ciertos animales con dedos y uñas.

Zarza: Se representa con troncos sarmentosos.

Zigzag: Particiones formadas por una línea quebrada que forma, alternativamente, ángulos entrantes y salientes.

Zorra: Se la puede poner en cualquier postura heráldica correspondiente a animal cuadrúpedo, excepto la de levantada.

Bibliografía

- *Woodward, Ecclesiastical Heraldry,* Londres, 1894.
- *Libro de blasones* de Pedro de Gracia Dei.
- *Linajes de España* de Alonso Téllez de Menéses.
- *Linajes y blasones de caballeros hijosdalgo de España* de Juan Francisco de Hita. *Nobleza General de España* de Francisco Lozano.
- *Tratado de Blasones* de Tomás Francisco Monleón.
- *Formulario de Armería* de Miguel de Salazar.
- *Armas o blasones de familias diferentes* de Jeronimo de Bolea.
- *Memorias de linajes* de Diego Hernández de Mendoza.
- *De los escudos de armas gentilicias* de Antonio Barahona.
- *Tratado de heráldica y blasón,* Francisco de Piferrer